실록, 전라감영의 기녀 이야기

전라감영에 피는 바람꽃은 시들지 않는다

글 이종근 그림 이택구

실록, 전라감영의 기녀 이야기

전라감영에 피는 바람꽃은 시들지 않는다

글 이종근 그림 이택구

신아출판사

들어가는 말

지난 날 우리 선조들은 술과 여자와 도박, 즉 주색잡기(酒色雜技)를 패가망신(敗家亡身)의 근원이라 하여 경계하기를 게을리 하지 않았습니다.

술은 과음하면 건강을 해치기 십상이고 여색(女色) 또한 탐닉하면 몸을 버리기 일쑤이며 잡기에 빠져들면 영락없이 가산을 탕진해 쪽박을 차는 일이 비일비재하기 때문입니다.

속담에 "주색잡기 밝히는 놈 치고 패가망신 않는 놈 없다"고 한 것도 바로 그런 연유에서입니다.

주, 색, 잡기 세 가지는 모두 말초적 신경을 자극해 쾌락에 빠지게 함으로써 손을 떼지 못하는 중독성을 갖고 있다는데 문제가 있습니다. 때문에 이것들은 한번 빠져들면 좀체 헤어나기 어려운 공통점을 갖고 있습니다.

그럼에도 언제부터인가 우리 사회는 "영웅호걸은 주색을 좋아한다"는 근거가 불분명한 속설이 공론이 되어있고 그것이 마치 남자의 능력을 평가하는 잣대로 잘못 인식되고 있습니다. 모르면 모르되 술 잘하고 여색에 능한 한량(閑良)들이 만들어 낸 말이 아닐까요.

그러나 세 가지 중 어느 것이라도 사회통념상 도를 넘어서는 안됨은 물론이고 남에게 피해를 주어서도 안 됩니다. 아무리 즐거운 일이라도 그것이 전제조건인 것입니다.

마음을 비우니 눈앞에 딴 세상이 펼쳐집니다.

화란춘성(花爛春城)하고, 만화방창(萬化方暢)이라! 더 이상 할 말이 없습니다

'유산가(遊山歌)'가 생각납니다.

'화란춘성(花爛春城)하고 만화방창(萬花方暢)이라 때 좋다 벗님네야 산천경개(山川景槪)를 구경(求景)을 가세 죽장망혜단표자(竹杖芒鞋單瓢子)로 천리강산(千里江山) 들어를 가니 만산홍록(滿山紅綠)

들은 일년일도(一年一度) 다시 피어 춘색(春色)을 자랑노라 색색(色色)이 붉었는데 창송취죽(蒼松翠竹)은 창창울울(蒼蒼鬱鬱)한데 기화요초 난만중(琪花瑤草爛漫中)에 꽃 속에 잠든 나비 자취 없이 날아난다 유상앵비(柳上鶯飛)는 편편금(片片金)이요 화간접무(花間蝶舞)는 분분설(紛紛雪)이라 삼춘가절(三春佳節)이 좋을시고 도화만발점점홍(桃花滿發點點紅)이로구나 어주축수애산춘(漁舟逐水愛山春)이라던 무릉도원(武陵桃源)이 예 아니냐 양류세지사사록(楊柳細枝絲絲綠)하니 황산곡리 당춘절(黃山谷裏當春節)에 연명오류(淵明五柳)가 예 아니냐…….

　제비는 물을 차고 기러기 무리져서 거지중천(居之中天)에 높이 떠서 두 나래 훨씬 펴고, 펄펄펄 백운간(白雲間)에 높이 떠서 천리강산(千里江山) 머나먼 길을 어이 갈꼬 슬피운다. 원산(遠山)은 첩첩(疊疊), 태산(泰山)은 주춤하여, 기암(奇巖)은 층층(層層), 장송(長松)은 낙락(落落), 에이구부러져 광풍(狂風)에 흥(興)을 겨워 우줄우줄 춤을 춘다. 층암절벽상(層巖絶壁上)의 폭포수(瀑布水)는 쾅쾅, 수정렴(水晶簾) 드리운 듯, 이골 물이 주루루룩 저 골 물이 쏼쏼, 열에 열 골 물이 한데 합수(合水)하여 천방(天方)져 지방(地方)져 소쿠라지고 펑퍼져, 넌출지고 방울져, 건너 병풍석(屛風石)으로 으르렁 쾅쾅 흐르는 물결이 은옥(銀玉)같이 흩어지니, 소부(巢父) 허유(許由) 문답(問答)하던 기산영수(箕山潁水)가 예 아니냐. 주곡제금(奏穀啼禽)은 천고절(千古節)이요, 적다정조(積多鼎鳥)는 일년풍(一年風)이라. 일출낙조(日出落照)가 눈앞에 벌여라 경개무궁(景槪無窮) 좋을시고'.

　이백(李白)이 '춘야연도리원서(春夜宴桃李園序)'에서 노래한 바와 같이 무릇 천지는 만물의 여관이요, 세월은 영원한 나그네가 아닐까요. 만약 시를 짓지 못하면 벌주는 금곡의 술잔 수를 따르리라 했으니, 불금이 바로 오늘이런가요.
　덧없는 인생 마치 꿈과 같으니 이 세상 즐거움이 얼마나 될까요. 옛사람 촛불을 켜고 밤에 놀았다 하니 과연 그 까닭이 있었군요

　'무릇 하늘과 땅이라는 것은 만물이 잠시 쉬어가는 숙소요 세월이라는 것은 영원한 나그네라 덧없는 인생 마치 꿈과 같으니 이 세상 즐거움이 얼마나 될까 옛사람 촛불을 켜고 밤에 놀았다 하니 과연 그 까닭이 있네 더구나 따뜻한 봄이 아지랑이 낀 경치로 나를 부르고 조물주가 나로 하여금 대신 글을 쓰게 하는구나 오얏나무 향기로운 정원의 모임에서 형제들이 모여 노는 즐거운 일을 쓰려하니 준수한 여러 아우들은 모두 혜련처럼 뛰어나거늘 내 노래 부르니 홀로 점점 강락이 부끄러워진다 그윽

한 감상은 그치지 않고 고고한 얘기는 갈수록 맑아지네 화려한 연회를 열고 꽃 사이에 앉아 새 깃 모양 술잔을 날리며 달빛에 취하니 아름다운 문장으로 고상한 회포를 펴네 만약 시를 짓지 못하면 벌주는 금곡의 술잔 수를 따르리라'

기녀는 잔치 또는 술자리에서 노래나 춤 등으로 참석자들의 흥을 돋우는 일을 직업으로 삼는 여자를 이르는 말입니다. '말을 할 줄 아는 꽃'이라는 뜻으로 '해어화'(解語花) 또는 '화류계여자'(花柳界女子)라고도 합니다.

전라감영은 조선시대 전북은 물론이고 전남과 바다 건너 제주까지 관할했던 관청이었습니다. 당시 관찰사는 8개로 나뉜 각 도(道)에 파견돼 지방 통치를 했습니다. 감사(監司) 도백(道伯) 방백(方伯) 외헌(外憲) 도선생(道先生) 영문선생(營門先生) 등으로도 불렸다고 합니다.

감영 내에서 가장 중요한 사람은 당연히 도의 으뜸벼슬이었던 관찰사였습니다. 자신의 근무 기간 동안 만큼은 임금 부럽지 않은 대접을 받았다고 합니다. 감영 내 기생 역시 지금에 와서 빼놓을 수 없는 사람이었습니다.

1884년 11월 10일 전라감영을 방문한 주한미국공사관 대리공사 조지 클레이턴 포크(1856~1893)는 김성근 전라감사로부터 2박 3일간 극진한 대접을 받았습니다. 당시 국가로부터 조선에 관한 정보 수집을 했지요. 그는 무려 8번의 식사 대접을 받았습니다. 11월 11일 아침 밥상은 모두 17종에 달했습니다. 이 중에서 육류요리는 닭구이, 쇠고기 편육, 육전 등 8가지, 반찬은 콩나물무침, 조개젓과 굴젓, 수란 등 9가지로 채워졌습니다. 포크를 위한 연회 장소는 전라감영의 선화당으로 이곳에서는 1피트(약 30cm)가 넘는 고임 음식이 차려지고 기생들은 승전무를 추었습니다. 그는 승전무에 대해 '무용수들이 때때로 줄을 서서, 다시 짝을 지어, 등을 맞대고, 사각형으로 움직였습니다. 붉은 술이 달린 네 쌍의 북채가 바닥에 줄지어 놓여 있었으며 30분 또는 그 이상 동안 계속 됐다'고 묘사했습니다.

전라감영의 역사와 기녀들의 희로애락을 담았습니다.

전주 한옥의 대청마루에 앉으면 지붕 위 솜털구름이 눈망울에 걸터 있고, 시나브로 날렵한 처마 곡선을 훑고 지나는 산들바람, 남고사의 풍경 소리되어 귓전을 스치고 지나갑니다. 이내 솟을대문에 해 산 물 돌 구름 소나무 불로초 거북 학 사슴 등 십장생 한자리에 불러 모았으니 진시황도 부럽지 않네요. 이느새 송수만년 학수천년 무병장수외 꿈 영글어지는 오늘에서는. 시나브로, 파랑새, 기다림, 동행, 마중, 추억들은 된바람에 갈색으로 물들고 있습니다. 전라감영에 피는 바람꽃은 시들지 않습니다.

목차

매월당에 스치는 바람, 전라감사 유희춘과 옥경아 • 8
평매의 시조 '만나자 이별하니 아니 뵘만 못하여라' • 15
전주 기녀 한섬과 양대운 • 19
조선 개국공신 함부림과 막동 • 23
목조와 기녀, 전주를 떠나다 • 27
남원 기녀 강아와 전라감사 정철 • 31
전라감사 심수경과 금개 • 38
파성령(坡城令)이 남원 기녀와 사랑에 빠지다 • 43
포쇄별감 채세영과 전라감영 기녀 • 46
'반계수록'에 기생의 폐단을 논하다 • 49
경기전 영전재랑(影殿齋郎)이 재실에 기생을 동반하다 • 51
노진(盧禛), 선천 기생에게 힘입다 • 54
송인수(宋麟壽)가 부안 기생과 더불다 • 58
전주 생강 장수가 신세를 한탄하는 시를 읊다 • 62
완산의 노기(老妓) 향린(香蘭) • 65
매창, 시문과 거문고에 뛰어난 조선시대 여류시인 • 67
전주 검무가 나오는 신광수의 '한벽당 12곡' • 85
남원 가희(歌姬) 춘섬(春蟾)에게 시를 지어주다 • 90
남원 기생 계월(桂月)의 광한루 시(廣寒樓 詩) • 91
전주 기녀 조운(朝雲)이 지정 남곤에게 드림 • 92
조선왕조실록 중종실록(中宗實錄)의 풍속 기사 • 93

매월당에 스치는 바람, 전라감사 유희춘과 옥경아
―조선왕조실록 중종실록(中宗實錄)의 풍속 기사

전라도관찰사 미암(眉巖) 유희춘(柳希春·1513~1577)은 1571년 전라감사 시절.

5월 그는 서울에서 실록을 인쇄하여 전주의 사고에 보관하기 위해 봉안사(奉安使)를 내려보낸다는 소식을 듣는다. 당시 조선은 한 임금의 재위 기간에 일어난 일들을 시대순으로 기록하여 서울과 일부 지방에 보관했다. 지방의 경우, 특별히 봉안사를 파견하여 보관하도록 했다.

임금은 다음과 같은 명령서를 보내어 봉안사가 내려갔을 때 원근의 기녀들을 불러모아 잔치를 베푸는 행위는 결단코 하지 말라고 지시했다.

'실록이 내려갔을 때 선왕의 귀중한 책을 받들어 맞는 일이니 소홀히 해서는 안 되거니와 작년에 흉년이 들어서 백성들이 굶주린 자가 얼마나 많은가. 만약 부득이한 일이 아니라면 결단코 관례란 핑계를 대고 민력(民力)을 상해서는 안될 것이다. 들리는 바에 의하면 작년에 봉안사가 내려갔을 때 감사뿐 아니라 병사, 수사까지도 모두 한군데 모여서 잔치를 베풀고 위안을 했다고 하는데, 이런 짓은 비록 평상시일지라도 안될 일이거늘, 하물며 큰 흉년의 뒤에 백성들의 굶주림이 극에 달하고 농사일이 시급하고 왜구가 걱정스러울 때임에랴. 각 읍에서 실록을 맞이할 즈음에 문 밖에다 채색 비단을 내거는 정도는 임금을 공경한 데 관계된 일이니 없앨 수 없겠지만, 여러 고을의 광대를 불러모아 말 앞에서 희롱을 하게 하는 따위는 있으나 없으나 관계가 없을 듯하니 우선 미룬들 무슨 해로움이 되겠는가. 또 주육을 많이 마련하고 원근의 기녀들을 불러 모아 큰 잔치를 벌이는 것은 커다란

폐단이니 그대는 일체 정지하고 개혁하여 백성들로 하여금 조그만 혜택이라도 받게 하라'

하지만 미암은 봉안사 박순이 전주에 도착하자마자 곧바로 '매월정(梅月亭)'에 올랐다. 그를 위안하는 큰 잔치를 베풀기 위해서였다.

매월정은 전주부 객관(客)의 동북쪽 구석에 있었다. 정자 안에는 커다란 술상이 놓여 있고 처마 끝에는 흰 차일이 쳐져 있었다. 또 정자 밖의 넓은 뜰에는 악기를 연주하는 악공과 노래를 부르는 기녀가 즐비하게 늘어앉아 있었다.

미암이 박순과 함께 매월정에 오르니 여러 기녀들이 달려나와 몸을 굽혀 공손히 맞이했다. 그들은 모두 얼굴에 분을 바르고 입술을 칠했으며 누렇고 붉은 화려한 색깔의 옷을 입고 있었다.

미암과 박순은 이전부터 잘 아는 사이였다. 지난해에도 박순이 병으로 자리에 눕자 미암이 쌀 두

되로 수박을 사서 보내준 적이 있었다. 그래서인지 자리를 차지하기에 앞서 박순이 미암한테 이렇게 제의했다.

"영감, 오늘은 서로 거리낌없이 마주 대하고 앉읍시다"

"아니올시다. 대감은 정2품이고 나는 종2품인데 어찌 그럴 수 있겠습니까. 어서 상좌에 오르시지요"

"영감의 학문이 정확하고 착실해서 늘 스승으로 여기고 있습니다. 그러니 어려워하지 말고 나와 마주 대하고 앉읍시다"

미암은 할 수 없이 박순과 더불어 커다란 술상을 가운데 두고 동서로 마주하고 앉았다. 그러자 전주부의 우두머리인 부윤과 박순을 수행해온 두 종사관도 동서로 나뉘어 서로 마주보고 앉았다.

이윽고 풍악이 울리고 기녀들이 그들 옆에 앉아서 노래를 부르며 술을 권하기 시작하였다.

이날 박순의 자리에는 준향(峻香)이란 기녀가 앉아서 술시중을 들었는데, 두 사람은 초면이 아닌 듯 내내 즐겁게 수작을 하였다. 반면에 미암은 여느 기녀가 따라주는 술을 홀짝홀짝 마시고 있었다. 그것을 보고 박순이 넌지시 물었다.

"들으니 영감께서 요즘 옥경이란 아이를 가까이 한다구요?"

"예, 그 애가 유독 친근하게 굴어서 가까이하고 있습니다."

미암이 순순히 대답하자 박순은 행수기녀(기녀의 우두머리)를 찾아 즉시 옥경이를 불러오도록 했다.

전라감영의 사라진 정자

진남루(鎭南樓) 공관(公館)의 후원(後園)에 있다.
매월정(梅月亭) 객관(客館)의 동북쪽 구석에 있다.
제남정(濟南亭) 성의 남쪽 시내 위에 있다.
공북정(拱北亭) 부(府)의 서북쪽 5리에 있다.
내사정(內射亭) 성내(城內) 남쪽에 있다.

쾌심정(快心亭) 제남정(濟南亭)으로부터 4리 떨어져 있다.

시내를 따라 올라가면 산이 끊어지고 물이 돌아 내려가는 낭떠러지가 있는데, 돌을 쌓아 터를 만들고 그 위에 정자를 세웠다.

매화꽃 달빛이 다 같이 청신한데	梅兄桂魄兩清新
높은 정자를 웃으며 차지하니 주인이 되었네	笑占高亭作主人
지난날엔 호반의 임포의 이야기를 들었는데	湖畔舊聞林煥骨
오늘은 들보 위의 이백의 시구를 보았네	歲寒始得香分塢
찬 겨울에 처음 매화 향기 퍼지는 언덕에	墻角竹君亦瀟灑
가을이면 둥근 달이 하얀 그림자를 비추네	屋樑今見李傳神
담장 끝에 대나무도 산뜻이 서 있으니	秋至方應影滿輪
바람결에 말 전하여 함께 친해 보세나	因風寄語欲相親

— 이숙함(李淑瑊)

어여쁘다. 매화꽃술 달밤에 청신한 모습	可憐梅蘂月中新
담담히 마음을 허락한 이 몇 사람이나 있을까	雲斷已饒真面目
구름이 끊어진 곳에 진면목이 드러나고	簾旌搖式黃躁影
흰 눈이 차가운 곳에 본 정신을 비치네	同是世間俗物
주렴이 흔들리니 성긴 그림자가 아롱지고	今淡心期有幾人
지붕 모서리에 창량하게 반달이 나왔네	雪寒能照舊精神
모두 다같이 세간 속물이 아니니	屋角蒼凉出半輪
나도 한몫 끼어서 친해본들 어떠리	不妨容我略相親

— 허침(許琛)

매화꽃과 달빛이 제 서로 청신함을 다투는데	玉蓋金波共鬪新

맑은 빛 담담한 모습 우리 모두 좋아하네	淸光淡態摠宜人
광한전 천상에서 달그림자 하늘하늘 춤추니	廣寒天上婆娑影
고야산의 고운 아가씨 그 신선이 아닌가	姑射山中綽約神
눈 온 뒤 달빛은 얼음같이 뼛속까지 차갑고	雪後老蟾氷徹骨
바람 타고 춤을 추는 학 날개가 활짝 폈구나	風來舞嵩翅如輪
나부산은 예부터 참 신선이 사는 곳	羅浮自古眞仙界
사웅(師雄)과 함께 하룻밤을 친하게 지낸들 어떠리	倘許師雄一夜親

― 신용개(申用漑)
〈매월정(梅月亭)〉 시 3편

기녀 옥경아

옥경아(玉瓊兒)는 기해생(1539년)으로 나이는 서른셋이었다. 본이름은 막개(莫介)이고 옥경이는 기명(妓名)이었다. 전주부에 소속된 관기로서 춤과 노래에 재주가 있어 주로 연회에 참석하여 음악을 연주했다.

미암이 그녀를 처음으로 알게 된 것은 지난해 홍문관 부제학에 제수되어 서울로 올라갈 때였다. 하지만 그때는 좌우에서 술잔을 들고 시중만 들도록 했다.

그러다가 1571년 2월 전라감사가 된 뒤로는 전주부에 들를 때마다 항상 그녀를 불러 온갖 몸시중을 들게 하였다. 대신에 가끔씩 동료 관원에게 부탁하여 식물을 주곤 하였다.

미암은 그녀를 꿈에서 보거나 시를 지어줄 정도로 매우 좋아했는데, 다음 시는 이 해 9월 전주부에 있을 때 미암이 옥경아에게 지어준 것이다.

옥의 경이여,	玉之瓊矣
온화하면서도 쟁그랑소리가 난다.	溫潤鏘鄒
마음으로 사랑하노니	心乎愛矣
어느 날인들 잊으리오	何日忘之

어느새 옥경아가 박순의 앞으로 나와 공손히 무릎을 꿇고 앉았다. 어딘지 모르게 나이가 꽤 들어 보였다.

"네 나이가 몇이더냐?"
"기해생으로 구단 서른셋이옵니다"
"무슨 제주를 가지고 있느냐?"
"춤과 노래를 조금 하옵니다"
"그럼 내 앞에서 한 곡조 불러주겠느냐?"
옥경이는 "에이" 하고 대답하고 일어나, 어느새 익혔는지 지난해 미암이 임금의 은혜에 감격하여 지은 노래를 불렀다.

'머리를 고치 끼워 옥진(옥비녀)은 갈아 꽂으오이다.
다른 이는 지나가되
임이 혼자 일컫으시니
그에 더한 일이 있으리이까'

악공은 뜰에서 악기를 연주하고 옥경이는 목청을 떨구어 노래를 불렀다. 박순과 미암을 비롯한 좌객들은 몸을 들썩이고 감탄사를 연발하면서 그녀의 노래에 호응하였다. 옥경아가 노래를 마치니 박순은 특별히 술잔을 들어 직접 건네주면서 말하였다.

"아주 구성지게 잘 부르는구나. 영감이 평생토록 여색을 가까이하는 일이 드물다가 유독 너를 귀여워한다고 해서 이상하게 여겼는데 이제 보니 과연 그럴 만하구나. 앞으로도 영감을 잘 모시거라"
"에이, 명심하겠나이다"

잔치는 날이 완전히 저문 뒤에야 파하였다. 풍악을 울리고 번갈아 술을 권하다가 미암이 소주 몇 잔을 마시고 크게 취하자 박순이 그만 술자리를 파하고 일어섰다.

며칠 후 박순이 사람을 보내 준향을 돌봐달라고 부탁하니 미암은 즉시 준향의 집에 식물(食物)을 보내주고, 또 다음날에는 면포 10필을 주었다. 그러자 박순도 장지(壯紙) 30장을 옥경아에게 주었다.

평매의 시조 '만나자 이별하니 아니 뵘만 못하여라'

'이리 뵈온 후에 또 언제 다시 뵐꼬

만나자 이별(相逢卽別)하니 아니 뵘만 못하여라

이후(此後)에 다시 뵈오면 연분인가 하노라'

'平梅(평매)'는 남원에 거주한다.(居南原)
그녀가 지은 시조는 이와 같다

시조, 즉 노래를 옛날에는 '영언'(永言)이라 했다. 말(言)을 길게(永) 빼면 노래가 되기 때문이다.
우리가 고등학교 국어시간에 들은 바 있는 '청구영언'(靑丘永言)이 바로 그것이다. '청구'(靑丘)는 우리나라를 뜻하는 말이다. 오행설(五行說)에서 청색과 동쪽 방위는 서로 통하기 때문에 동방에 위치한 조선은 '푸른 산등성이' 즉 청구(靑丘)가 된다. '청구영언'은 '해동가요', '가곡원류'와 함께 우리나라 3대 시조집의 하나다.
우리는 그 청구영언에 대해 김천택(金天澤)이 편찬한 가집(歌集)이라고 교과서에서 배웠다.
18세기 중반에서 19세기 초반 가집(歌集) 편찬의 특성을 두루 보여주는 '청구영언' 장서각본이 처음으로 번역 출간됐다. 한국학중앙연구원은 장서각에 소장하고 있는 조선 후기 가집 '청구영언'을 최초로 번역하고 해설과 주석을 단 '청구영언 장서각본'을 펴냈다.

이 책은 한국학중앙연구원 장서각에 소장된 '청구영언'의 원문 정본 텍스트를 확정한 뒤, 필사 당시의 누락이나 오기, 마모 등으로 원문 판독이 어려운 부분은 다른 가집이나 문집과 교감(校勘)하여 보완했다. 아울러 상세한 주석을 붙이고 현대어 풀이와 원전 영인(影印)을 실어 자료적 완결성도 갖췄다.

연구원 측은 장서각본은 표지의 마모된 간행 기록과 수록 작품을 추정할 때 1814년 전후에 필사된 것으로 판단되며, 전반부와 후반부의 편제가 다른 것으로 볼 때 최소한 2종 이상의 가집을 재편집한 것으로 보인다고 설명했다.

장서각본은 김천택이 편집한 '청구영언'의 전통을 이어받으면서도 18세기 중반 가집 편찬의 다양한 관심을 반영함으로써 이후 가집 편찬에 적지 않은 영향을 끼쳤다고 평가했다.

이 책엔 '오늘이소서'를 비롯, 서익, 조존성, 장만, 조찬한 등 전북 관련 인사들의 이야기가 나온다. 특히 남원출신 여행 가객 김유기, 남원 거주 명기 평매(平梅), 그리고 작가 미상의 '한벽당' 시가 눈길을 끈다. 김유기의 시 가운데

'봄날 복사꽃 자두꽃들아 고운 모습 자랑 말고
큰솔과 푸른 대를 한겨울에 보려무나
높고도 당당한 절개를 바꿀 줄이 있으랴

태산(泰山)에 올라앉아 세상을 굽어보니 천지 사방이 넓게도 트였구나 장부의 넓고 큰 기운을 오늘에야 알았다

요순시절 언제였고 공자맹자 누구던가
순한 풍속 예법 음악 어지럽게 되었으니
이 몸이 하찮은 선비로 슬픈 노래 부르리라

충효를 못다 하고 죄 많은 이 내 몸이 구차하게 살아 있어 할 일이 없거니와
그러나 태평성대에 늙기 서러워 하노라

오늘은 고기 잡고 내일은 사냥 가세.

꽃달임 모레 하고 강신(降神)일랑 글피하세. 그글피 편 갈라 활쏘기 할때 각각 음식 준비하세.

상서로운 별 구름에 해와 달이 빛나도다
삼황 시절 예법과 음악 오제 시절 문물이로다
사해(四海)로 태평주(太平酒) 빚어 온 백성과 함께 취하리라'

'태산(泰山)'은 중국 산동성(山東省)에 있는 산으로, 공자(孔子)가 이 산에 올라 천하가 작은 줄 알았다고 했다는 고사가 전한다.

'삼황(三皇) 예악(禮樂)'은 중국 고대 삼황(三皇) 시절의 예법과 음악을, '오제(五帝)의 문물(文物)'은 중국 고대 오제 시절의 문물을, '사해(四海)'는 사방의 바다, '태평주(太平酒)'는 태평성세에 마시

는 술을 말한다.

'만횡(蔓橫)'에 전주 '한벽당'이 나온다.
이는 가곡 악곡의 하나로 능청능청 부르는 소리다. 주로 노랫말이 장형인 것들을 부를 때 사용한다.

> '한벽당(寒碧堂) 좋은 경치 비 갠 후에 올라보니 높은 다락과 시내와 꽃과 달이라. 미인은 가득하고 음악은 허공에 울리는데 흐무러지게 아름다운 풍경이요 낭자한 술자리로다. 아이야 잔 자주 부어라 크게 취해 노래 불러 나그네 수심을 씻어 볼까 하노라'

나이 든 사람이 보기에 가는 봄은 이미 봄이 아니다. 속절없이 가는 봄이 야속할 뿐이다. 코로나로 힘들어도 봄은 어김없이 왔다가 가고 있다.

전주 기녀 한섬과 양대운

조선 후기에 조수삼(趙秀三)이 지은 '추재기이(秋齋紀異)'를 보면, 기생이 3명 등장한다. 제주도 기생 만덕과 정인을 따라 죽은 기생 금성월, 그리고 전주 기생 한섬(寒蟾)이다.

'한섬은 전주 기생인데 황교(黃橋) 이상서(李尙書)가 그를 집으로 데려다 가무를 가르쳐 온 나라에 명성이 자자했다. 한섬이 나이가 들어 집으로 돌아간 지 한 해 남짓 지나 판서가 세상을 떴다. 한섬이 즉시 말을 달려 판서의 묘에 이르러 한 번 곡하고 술 한 잔 따르고 술 한 잔 마시고 노래 한 곡 불렀다. 다시 두 번째 곡하고 두 번째 잔을 따르고 두 번째 잔을 마시고 두 번째 노래를 불렀다. 이렇듯이 하루 종일 돌려가며 한 뒤 자리를 떴다'

나이가 든 전주 기생 한섬이 자신을 뛰어난 예인으로 길러준 후원자가 죽자 극진한 예를 다해 추모했다는 사연이다. 조수삼의 시에

'울다가, 노래 부르다가, 술 한잔 따르다가/ 그렇게 하루 종일 술잔 주거니 받거니 하며 울다가, 노래 부르다가 술 한 잔 따르다가 했다 했네./ 연로하던 어르신 이미 세상 떠났건만 늙을 때까지 스승으로 모실 것이라고 하는데/ 오늘 유달리 강남 옥피리 소리 애달픈 이유를 누가 알까'

라고 소개한다.

'전주 기생 한섬은 침선비(針線婢)로 뽑혀 서울에서 노닐었다. 뒷날 용모도 추레해지고 의지할 데가 없어지자 이정보 판서께서 불쌍히 여겨 자기 집에 살게 했다. 그러나 한 번도 관계를 맺지 않고 잘 대우했다가 만년에 재물을 많이 딸려서 고향으로 보내주었다. 이 판서가 죽은 뒤 소식을 들은 기생이 술을 싣고 판서의 무덤을 찾아갔다. 무덤에 이르러 술을 따라 무덤에 뿌리고 다시 큰 술잔에 술을 따라 스스로 마시고는 '대감께서 평생 술을 즐기시고 노래를 즐기셨지요!' 라고 말한 뒤 마침내 노래를 길게 뽑았다. 노래를 마치고 통곡하고 곡을 마치고서 다시 술을 따라 무덤에 뿌렸다. 술이 다 떨어지자 애통해하다 기절하여 묘 앞에 거꾸러졌다. 정신을 차린 그녀는 바로 떠나갔다'.

위와 같은 '시필'(試筆)이란 책에 실린 비슷한 사연을 보면 왜 그런지 다소 의문이 풀린다고 안대

회 성균관대 교수는 말했다.

이의무(李宜茂, 1449-1507)의 '연헌잡고(蓮軒雜稿)'엔

'전주에 양대운(陽臺雲)이라는 기생이 있는데 천침(薦枕)을 하려고 해서 시를 지어 거절했다. (全州妓有名陽臺雲薦枕. 以詩却之)'

고 했다.

'일찍이 양왕(襄王)은 꿈 속에서 무산 신녀와 정을 나눴다는 이야기를 들었는데, 그 신녀는 양대(陽臺) 아래에 머물면서 아침 저녁으로 그대만을 그리워 하겠노라 말했다지요. 노년의 풍미(風味)란 정말 우습구려. 마음 내맡겼건만 내 몸은 재처럼 싸늘히 식었구려'

  曾向襄王夢裏廻
  朝朝暮暮自陽臺
  老年風味眞堪笑
  一任襟懷冷似灰

이 시를 통해 그녀는 궁중향연에서 악기를 잘 다루는 기녀이었음에 분명하지만 더 많은 자료가 보이지 않는다.

'조선해어화'에 기록된 연대와 전북 기생 이름을 정리하면 다음과 같다.

명종(明宗, 1545~1567)때는 황주기생 유지(柳枝), 평양기생 동정춘(洞庭春)과 전주기생 금개(今介), 선조(宣祖, 1567~1608)때는 부안기생으로 시와 노래와 거문고에 뛰어난 계생(桂生, 매창 梅窓), 의기(義妓)가 있는 진주기생 논개(論介), 광해군(光海君, 1608~1623)때는 금산에서 한양으로 올라온 용모와 가무가 당대에 독보적인 기생 일타홍(一朶紅), 영조(英祖, 1694~1776)때는 서화에 능한 부안기생 복개(福介), 남원기생 춘섬(春蟾)이 보인다.

'진연의궤(進宴儀軌)'(1744) 기록엔 정재의 종목과 참가할 기생의 명단이 있다. 전주기생 옥섬(玉纖), 전주기생 양대운(陽臺雲)이 보인다.

'조선해어화'에 연대를 확인할 수 없는 기생 이름은 남원기생 계월(桂月), 그리고 장구를 치며 육자배기 노래를 부른 전주기생 유섬섬(柳纖纖)이다. 전주의 명기 양대운, 한섬 등 관련된 자료를 바탕으로 당대 뛰어났던 기생이나, 또 그들과 정신적으로 깊은 교감을 나누었던 문인들을 조사해 스토리텔링을 입혀 상품화하는 날이 하루 빨리 오기를 바란다.

조선 개국공신 함부림과 막동

개국공신 함부림과 전주 관기 막동의 이야기가 '용재총화'에 전하고 있다.

함부림(咸傅霖, 1360년~1410년)은 1392년에 이성계가 득세하자 길재, 이색, 정몽주의 길을 가지 않고 병조의 정랑으로 도평의사사와 경력사(經歷司)의 도사를 겸했다. 이 해 7월에 이성계가 왕이 된 후 추대한 공으로 삼등공신이 된다. 훗날 전라감사를 지낸다.

다음은 야사(野史)와 '조선해어화사', '용재총화' 등에 전하는 이야기다.

그는 일찍이 전주에 머물게 됐다.

"내 여러 지방에 가보았지만 너같이 똑똑한 기녀는 처음이구나."

"소녀는 전주 태생이옵니다. 이제 전주에서는 이름이 알려졌으나 한양에서는 모르고 있습니다."

기녀들은 모두 한양으로 올라가야 출세의 길이 열린다고 생각했다. 전주 기생 막동 역시 감사를 따라 한양으로 올라갈 생각을 품고있었다.

"오냐, 좋다. 너만 따르면 한양이고 어디고 가자꾸나."

"대감의 말씀이 정말이오리까?"

"그렇다. 거짓말이야 하겠느냐!"

　함부림은 처음에는 대수롭지 않게 여겼으나 시일이 갈수록 젊은 여성이 마음에 들었다. 저녁이 되어 그녀의 위로를 받으면 새로이 생명이 부풀어 오르는 듯했다.
　함부림은 명재상이라 불리며, 무슨 일에든지 근엄하고 성실하여 공사를 잘 처리했다. 함부림의 나이 오십이 거의 되어가고 있었지만 아직은 장년의 힘이 남아 있었다. 오히려 기녀 막동에 대한 연연한 마음은 더욱 커갔다.
　풍류남아로서 화류계에서 많은 기녀를 마음대로 꺾은 그도 이제는 철이 드는지 한 여성에 대한 정이 더욱 깊어가는 듯했다. 함부림은 '내 어찌 된 셈인가'하고 홀로 생각하며 장차 전주를 떠나갈 날을 기다리고 있었다. 막동은 이럴 때면 달려들었다.
　함부림은 막동에게 호패까지 떼어주고 다시 만날 날을 기약하며 한양으로 떠났다. 전주의 관기로서는 출세할 좋은 기회였다. 임과 이별한 후 잠시 있다가 막동은 집안일을 정리하고, 한양으로 올라갈 차비를 했다. 언제 오라는 한양의 기별도 기다릴 필요가 없었다. 자기 일이 끝난 후 막동은 전주

부윤에게 하직을 고했다.

"사또, 쇤네는 한양으로 가겠나이다."

막동이 부윤에게 말했다.

"무슨 소리냐? 관기는 마음대로 떠날 수 없다."

"아니오이다. 전에 내려오시던 감사를 따라갑니다."

"전의 감사라니, 동원군 함부림 대감 말이냐?"

"그러하오이다."

전주부윤은 좀처럼 믿지 않았다. 막동은 함부림 감사가 주고 간 호패를 내놓았다. 그래도 부윤은 믿지 않았다. 나중에는 사헌부의 대사헌으로서 관기를 부른다는 문서까지 내놓았다. 이제는 부윤이언도 어쩔 수 없는 일이었다.

"국가의 감찰을 맡은 법관이 어찌 관유물인 관기를 데려간다는 말이냐? 기막힌 노릇이다. 나는 그래도 함 감사는 절개 있는 선비로 알았는데, 이제 보니 아주 하품 인간이로구나."

함부림은 청년 시절의 방탕한 생활이 원인이 되었는지 나이가 들어 병상에 눕게 됐다. 한번 자리에 누워 세간의 일을 잊고 있으니 더욱 처량해질 뿐이었다. 그런 중에 자기 앞에 있던 딸이 병들어 죽었다.

한편 막동은 감사의 손에서 다시 관기로 들어가 의녀가 되어 여의로서 이제는 궁중에서 자리를 튼튼하게 잡았다.

막동이 기생 일을 계속하던 중, 다른 기생이 발작을 일으켰다. 막동은 침착하게 응급처치를 했다. 이를 본 한 남자가 뜻밖에 제안을 하는데 그 남자는 어의 '허도'였다. 막동의 재능을 눈여겨보고 입궐을 제안한 것이다.

태종의 후궁이 병이 들었지만 어의가 남자라는 이유로 치료를 거부했다. 당시에는 여인들이 남자 의원에게 치료받기를 꺼려해 죽는 일이 많았다.

자신의 행실이 밝혀질게 두려운 함부림은 반대를 하지만 태종은 결과를 보고 결정키로 했다.

막동은 의술 공부에 매진을 했고 마침내 효빈을 치료를 하게 됐다. 효빈이 치료 도중 혼절을 했지만 치료를 잘해 그 이름이 드높았다.

　막동은 함부림이 불우한 생활을 한다는 소문을 듣고 병중에 찾아왔다. 방 안에 들어서자 악취가 코를 찔렀다.

　함부림은 대변도 제대로 처리하지 못하는 형편이었다. 여의는 손수 방을 치우고 누워 있는 함부림을 바라보았다.

"대감 쇤네가 왔소이다"

막동이 귀에 대고 한마디 했다.

"누구냐?"

"전주에 살던 관기입니다"

"응, 그러냐? 이제 알겠다"

"대감, 왜 이렇게 초라하게 지내십니까?"

"세상은 일장춘몽이니라. 아마 전날 풍류장에서 잘 놀던 죄가 닥쳐 온 모양이다. 그러니 나의 일은 걱정 마라. 그래, 너는 잘 지내느냐?"

"쇤네는 대감의 천거로 궁중에 들어가 잘 지내고 있습니다"

"다행한 일이다"

막동은 지난날을 생각하며 눈물을 훔쳤다.

판서까지 지낸 함부림은 얼마 후 1410년에 쉰한 살에 세상을 떠났다.

목조와 기녀, 전주를 떠나다

　이목대(梨木臺, 지방기념물 16호)는 목조 이안사가 전주를 떠나기 전에 살았던 구거지로 발산 중턱에 있다. 발산은 승암산(중바위)에서 뻗어 나와 이목대, 오목대 등으로 이어지는 산으로, 목조가 이 발산 아래에 있는 자만동(滋滿洞)에서 살았다 한다. 그래서 발산(鉢山)을 이씨왕조가 일어난 산이라 하여 발리산(發李山)이라고도 한다. 목조 이안사에 관한 장군수(將軍樹)와 호운석(虎隕石)에 관한 설화는 '완산지'에 등장하고 있다.

　장군수는 발산 아래에 있었는데, 목조가 어렸을 때 여러 아이들과 이 나무 밑에서 진법을 익혔다고 한다. 그래서 사람들이 그 나무를 장군수라 하였으며, 지금은 나무가 없지만 그 유지는 완연히 남아 있다고 기재되어 있다.

　호운석은 한벽당 앞 1리쯤에 있는데, 전해오는 말에 의하면 목조가 어릴 때 여러 아이들과 발산 남쪽 기슭에서 놀다가 폭풍우를 만나 바위 아래로 피하였는데 큰 호랑이가 앞에서 으르렁거리고 있었다.

　목조가 여러 아이들에게, 호랑이가 여러 사람을 동시에 해할 수는 없는 일이므로 단지 한 사람만 살상할 것이니 누가 희생물이 될 것인지 옷을 던져 시험해보자고 했다.

　그러자 여러 아이들이 네가 제일 나이가 많으니 먼저 옷을 던지라 하였다. 목조가 옷을 던지자 호랑이가 그 옷을 씹는지라 여러 아이들이 목조를 밀어내었다. 그러자 호랑이가 도망쳐 달아났으며,

이 때 갑자기 언덕이 무너져내려 여러 아이들이 모두 깔려 죽었으나, 목조만은 살아날 수 있었다. 그 돌이 물 가운데 지금도 완연히 남아 있다고 쓰여 있다.

   조선왕조의 건국은 태조 이성계에 의하여 실현되었지만 그 터전은 목조 이안사에 의해 이룩되었다는 것이 정설로 되어 있다. 1445년(세종 27년) 4월에 권제, 안지, 정인지 등이 편찬한 '용비어천가(龍飛御天歌)'는 목조 이안사로부터 왕조의 터전이 잡혔다고 기록하고 있다.

      '해동육룡이 나리샤 일마다 천복이시니 …'
라고 읊은 바, 이 육룡의 첫 인물이 바로 목조 이안사다.

   육룡은 목조 이안사(穆祖 李安社) 다음에 익조(翼祖 李行里), 도조(度祖 李椿), 환조(桓祖 李子春), 태조(太祖 李成桂), 태종(太宗 李芳遠)으로 이어진다.

   목조 이안사가 강원도 삼척지방과 인연을 맺은 것은 1231년(고려 고종18년)을 전후한 무렵이었다. 이성계가 조선왕조를 개국하기 162년 전후다. 목조는 전주에서 출생했고 삼척에 옮겨 살다가 다시 함경도 덕원부(德源府) 용주리(龍珠里)로 옮겼고, 다시 와똥(幹東)으로 옮겨살았다.

목조가 삼척으로 이주하게 된 사연은 다음과 같다. 목조가 전주에 살 때 산성별감(山城別監)이 와서 목조가 사랑하는 기생과 관계하자 둘은 싸움이 벌어졌고, 전주의 지주(知州;주의 장관)가 산성별감과 한편이 되어 싸우게 됐다.

지주가 조정에 보고하고 군사를 동원해 목조를 해치려 한다는 정보를 목조 이안사는 미리 알고 모든 재산을 처분해 수십 척의 배를 대고 모든 재산과 노비와 사병들을 싣고 남해 바다를 돌아 북으로 동해를 거슬러 올라갔다.

이렇게 해서 삼척의 활기리로 이주하게 된다. 이때 목조를 따르던 170여 호가 함께 이주했다.

무슨 연유로 목조가 삼척으로 이주하였는가에 대해 많은 사람들이 궁금해 하는데 삼척은 목조 이안사의 외가(外家) 지역이기 때문이다.

목조가 처음 터를 잡은 삼척의 미로면 활기리는 원래 활터라 불렀다. 후에 목조가 살던 터라고 해서 임금황자를 써서 황기(皇基)로 바뀌었다. 활터는 궁기(弓基)를 뜻하는 곳이었는데, 활터-황기-활기로 그 지명이 변했다.

그 터는 현재 미로면 활기리의 두메관광농원에서 조금 위쪽에 위치하고 있다. 그곳엔 목조가 살았던 곳임을 알려주는 구거지비각(舊居地碑閣)이 세워져 있다.

활기리는 삼척군 미로(未老)면에 속했고, 미로면은 현종3년(1662) 당시 삼척부사 허목이 미로리(眉老里)라고 부른 데서 오늘과 같은 지명으로 정착했다. 목조의 삼척 미로면 활기리 생활은 잠깐이었지만 부모를 묻었고 자기의 집터까지 남겼으므로 제2의 고향이 됐다. 삼척의 활기리가 조선왕조 건국의 터전이라고 하는 것은 이러한 역사적 사건이 있었기 때문이다.

그런데 원수는 외나무다리에서 만난다고 전주에서 3각 관계였던 전주감영의 관리가 승진이 되어 삼척태수로 부임을 한 것이다. 그래서 이안사는 다시 짐을 싸서 동해바다를 거슬러 올라가 원산에 터를 잡았다. 그리고 그 후손이 다시 영흥까지 흘러들어가서 이성계의 고향이 함북 영흥이 된 것이다.

화령(和寧)은 지금의 영흥으로 지금의 함경북도 영흥에 있는 지명이다. 따라서 고구려, 발해 시대를 마감하고, 고려시대로 들어온 이후로는 우리의 영역 밖에 있었고, 요·금을 거쳐서 원대까지도 우리와의 관계는 거의 없었던 지역이다.

그런데 원 후기에 원나라 제국이 약화되고, 고려의 군사력이 가장 강하여 천리장성을 넘어 동북쪽으로 그 통치영역을 넓히면서 비로소 다시 우리와 관계를 맺게 된 지역이다. 이성계가 이 지역의 명칭을 가져다가 국호로 정하려고 한데는 그만한 이유가 있었을 것이다. 따라서 이성계와 이 지역과의 관계를 추적할 필요가 있다.

남원 기녀 강아와 전라감사 정철

기녀 '강아(江娥)'는 송강(松江) 정철(鄭澈, 1536~1593)을 향해 평생을 다해 사랑을 했다.

송강 나이 47세. 1581년 전라감사로 남원에 내려갔을 때, 자미라는 어린 기생의 머리를 얹어 주었는데 바로 '강아'이다. 원래 이름은 '진옥'이라고도 전한다.

송강은 강아를 만나 머리를 얹어주고 하룻밤을 같이했으나, 사랑스러운 딸같이 대했다고 한다.

그런데 송강이 도승지로 임명받아 강아 곁을 떠나 한양으로 가게 되었는데 그때 강아에게 석별의 시 '영자미화(詠紫薇花)'를 지어준다. 이때가 1582년 9월이다.

그는 아마도 이별 뒤에 뭇 사내의 눈길이 그녀에게 머물까 두려워 이런 한시를 썼던가 보다. 그 뒤 강아는 송강을 향한 그리움으로 긴 세월을 보냈다. 송강이 평안도 강계로 귀양을 갔다는 기막힌 소식을 듣고 그를 만나러 길을 떠났지만 이미 복직된 그를 만나지 못했다고 한다.

강아는 머리를 얹어준 첫사랑이 인생의 마지막 순간까지 변치 않는 사랑을 한다.

송강이 한양으로 전직하게 되자 강아에게 다음과 같은 시를 주며 석별의 아쉬움과 사랑의 질투를 표현한다.

봄빛 가득한 동산에 자미화 곱게 펴	一園春色紫薇花
그 얼굴은 옥비녀보다 곱구나	纔看佳人勝玉釵
망루에 올라 장안을 바라보지 말라	莫向長安樓上望

거리에 가득한 사람들 모두 네 모습 사랑하리　　　　　　　　　滿街爭是戀芳華

—정 철 〈자미화를 읊다 (詠紫薇花)〉

'자미화'의 꽃말은 기다림을 뜻한다. 원래 백일홍나무인데 그 발음이 와전되어 굳어진 것이라고 한다. 백일 동안 붉게 꽃을 피운다는 의미로 백일홍이라고 부른다.

그 후 송강이 광해군의 세자 책봉을 건의하다 선조의 노여움을 사서 유배지 강계에 우거해 있을 때에 쓸쓸함을 위로해준 기녀가 화용월태를 지닌 강아다.

강아는 송강을 만나기 위해 길을 떠났다. 하지만 강아는 정철을 만나지 못하고 왜병에게 붙잡히자 적장을 유혹하여 평양성 탈환에 공을 세우기도 했다고 전한다.

조선시대 전라도 기녀인 진옥(眞玉)은 파란 많은 인생을 살다간 송강(松江) 정철(鄭澈)로 인해 이 시대에 기억되는 여인(女人)이다. 원래 이름은 '진옥'이었으나 정철의 호인 송강(松江)의 '강(江)'자(字)를 따라 강아(江娥)라고 불렸다.

강아는 시조문학에 있어 '송강첩(松江妾)'이라고만 기록되어 있는데, 시조 문헌 중에 '누구의 첩'이라고 기록된 것은 오직 강아 뿐이다.

대개는 기녀가 속한 지명을 따라 '남원명기', '평안기' 등 기명을 적었으나, 강아는 기녀였음에도 불구하고 '송강첩'으로 기록돼 있다.

분명 이러한 기록은 송강의 명성과 지위 때문에 획득된 것이리라 생각된다. 이를 반추해 보아도 송강과 강아의 사연이 당시 사람들 기억 속에 남다른 의미로 남아 있었음이 분명한 듯 싶다.

전라감사로 등용된 송강은 전라 감영에 있을 때 노기(老妓)들의 청을 들어서 당시 동기(童妓)였던 강아를 처음 만나게 된다.

불과 십여 세 남짓의 어린 소녀였던 강아에게 머리를 얹어 주고 하룻밤을 같이했으나, 청렴 결백했던 송강은 어린 강아에게 손끝 하나 대지 않았고, 다만 명예로운 첫 서방의 이름을 빌려주었다.

송강의 인간다움에 반한 강아는 어린 마음에도 그가 큰 사람으로 느껴졌다. 송강 또한 어리지만 영리한 강아를 마음으로 사랑하며 한가할 때면 강아를 앉혀 놓고 틈틈이 자신이 지은 사미인곡(思美人曲)을 외어 주고, 장진주(將進酒:조선시대의 가곡 변주곡) 가사를 가르쳐 주며 정신적인 교감을 나누었다.

강아는 기백이 넘치고 꼿꼿한 송강에게서 다정한 사랑을 받으며 그를 마음 깊이 사모하기 시작했다. 그러나 송강은 1년 여 만에 다시 서울로 떠나게 된다.

송강이 서울로 돌아간다는 이야기를 들은 강아는 그를 붙잡을 수도, 쫓아갈 수도 없는 자신의 신분과 처지에 낙담한 채, 체념의 눈물을 흘릴 뿐이었다.

그러한 강아의 마음을 눈치 챈 송강은 서울로 떠나면서 작별의 시를 주어 그녀의 마음을 위무(慰撫:위로하고 어루만져 달램)한다.

그가 남기고 간 시에는 강아에 대한 따뜻한 배려와 당부의 마음이 담겨져 있었다. 좋은 낭군을 구해 시집을 가 잘 살고, 서울 장안의 자기를 생각하지 말라는 뜻이 담긴 시였던 것이다.

하지만 순진한 강아는 송강의 당부를 끝내 받아들이지 못한 채 그를 향한 그리움으로 긴 세월을 보내게 된다. 그리고 그로부터 10년.

철부지 어린 나이에 송강을 만나 머리를 얹은 이후로 단 한순간도 그를 잊지 못했던 강아는 관기(官妓) 노릇을 하면서도 언제든 다시 송강을 만나겠다는 열망으로 십년고절의 세월을 버텨낸다.

기생의 처지로 다른 남자의 유혹을 거부하며 수절을 한다는 것은 그렇게 녹록한 일이 아니었다. 그러나 그 깊은 애모와 여심의 끝에 들려온 소식은, 송강이 북녘 끝 강계로 귀양을 갔다는 기막힌 소식이었다.

송강의 귀양 소식을 들은 강아는 가만히 앉아 있을 수 없었다. 그녀는 이제야 송강을 만날 수 있다는 희망과, 귀양살이를 하는 송강에 대한 안타까움으로 서둘러 행랑을 꾸리고 길을 나섰다.

작은 발로 삼천리 길을 걸어 강계로 달려온 강아는 위리에 안치되어 하늘 한자락 보이지 않게 가시나무로 둘러쌓인 초라한 초막에 홀로 앉아 책을 읽는 송강을 확인하고 눈앞이 어질어질해져 왔다.

송강의 초췌한 모습에 진주 같은 눈물만 뚝뚝 흘리며 그 앞에 엎드린 강아는 기쁨과 설움이 어우러져 통곡이 목구멍을 짓눌러 오르는 것을 느껴야 했다. 자기 앞에 엎드려 우는 어여쁜 여인을 본 송강은 당황하며 그녀가 누구인지 물었다. 송강이 강아를 몰라본 것이었다.

그도 그럴 것이 10년 전 강아는 십여 세 안팎의 어린 소녀였으니 성장한 강아의 모습을 상상하기 어려웠을 것이었다.

유배지의 적소로 스산한 바람이 불어오고 이내 달이 떴다. 달빛 아래 엎드려 우는 여인을 보던 송강은 그녀의 모습이 한 마리 백학처럼 느껴졌다.

울음을 그친 강아가 조용히 입을 열었다.

"저를 몰라보시는지요. 10년 전 나으리께서 머리를 얹어 주셨던 진옥이옵니다"

정말 뜻밖의 일이었다. 송강은 다시 한 번 여인의 얼굴을 자세히 살펴보았다.

"네가 정말 진옥이더냐? 몰라보겠구나, 그런데 어떻게 이곳까지 찾아왔느냐?"

송강은 자신도 모르게 강아의 맑고 아름다운 모습에 끌려들고 있었다. 강아는 지난 세월 동안 그를 한 번도 잊은 적이 없다는 것과 그의 귀양소식을 듣고는 적거(謫居)생활을 보살피고자 부랴부랴 달려왔다는 것을 고백했다.

침침한 호롱불을 사이에 두고 두 사람이 마주 앉았다. 강아는 송강을 앞에 두고도 정녕 믿기지 않았다. 송강은 강아를 볼수록 살풋한 여인의 향기에 마음이 어지러웠다.

말을 잃은 두 사람 덕분에 방안엔 정적만이 무겁게 가라앉아 있었다. 그때 조용히 강아가 입을 열고 어린 시절 송강에게서 듣고 외웠던 '사미인곡'과 '장진주'가사를 노래 부르기 시작했다.

목소리가 꾀꼬리처럼 청아한 울림을 주는 소리였다. 기백 넘치던 송강의 얼굴이 놀라움과 기쁨으로 물들어가고 있었다.

"그것을 네가 아직도 외우더냐?"

송강이 물었다.

"예, 나으리께서 배워 주신 것을 어찌 잊을 수 있겠습니까? 나으리가 그리울 때면 가야금을 타고 마냥 불렀던 노래이옵니다"

강아의 뺨은 이미 붉은 홍시처럼 물들고 있었다. 그런 강아의 모습을 바라보던 송강의 입가에도 빙그레 미소가 넘쳤다.

어느 날 두 사람이 술상을 마주하고 앉았다. 거나해진 송강이 입을 열었다.

"진옥아~, 내가 한 수 읊을 테니, 너는 그 노래에 화답을 해야 한다"

"예~~~"

"지체해서는 안 되느니라"

강아는 조용히 고개를 끄덕였다.

이윽고 송강이 목청을 가다듬어 시를 읊는다.

"옥(玉)이 옥이라커늘 번옥(燔玉)만 여겼더니, 이제야 보아하니. 진옥(眞玉)일시 적실(분명)하다. 나에게 살 송곳 있으니 뚫어볼까 하노라!"

 탁월한 시인이었던 송강은 강아에게 흠뻑 빠져 노골적인 음사(淫辭)를 시(詩)의 옷을 빌어 내비쳤다. 번옥이란 분명 진옥을 은유한 것으로 남녀 간의 육체적 합일을 바라는 송강의 육정이 배어 있는 시였다.
 지체 없이 강아가 그의 시에 화답한다.
 "철(鐵)이 철(鐵)이라 거든 석철(錫鐵)만 여겼더니, 이제야 보아하니 정철(正鐵)일시 분명하다. 마침 내게 골풀무 있으니 녹여볼까 하노라!"
 화답을 들은 송강은 탄복했다. 강아의 시는 당대의 대문장가인 송강을 깜짝 놀라게 할 만큼 뛰어난 것이었다. 강아는 송강을 쇠로 비유하며 멋지고 견고한 남성을 만나면, 자신의 골풀무로 흔들어 놓을 수 있다며 그에게 응수했다.
 '골풀무'란, 불을 피우는데 바람을 불어 넣는 풀무인데, 강아는 이를 '남자를 녹여내는 여자의 성기(性器)'로 은유하고 있었던 것은 아닐까.
 이만하면 글자 그대로 강아는 '명기(名妓)'요, 뛰어난 시인이었으리라. 이윽고 살 송곳을 가진 멋있는 사내와 뜨거운 골풀무를 지닌 기생의 하룻밤은 뜨거운 정염으로 하얗게 무르익어 갔다.

 이에 대한 일화는 시조집 '권화악부(權花樂府)'에 '정송강 여진옥(鄭松江 與眞玉)'으로 지금도 남아 있다. 그날 이후, 송강의 적소생활은 조금도 괴롭거나 우울하지 않았다. 마음이 울적할 때면 강아는 늘 그의 곁에서 기쁨을 주었고, 가야금을 연주해 주었다.
 송강은 유배지에서 부인 안씨에게 서신을 보낼 때면 강아의 이야기를 있는 그대로 적어 보

냈다. 부인의 서신 속에도 강아에 대한 투기나 남편에 대한 불평보단 남편의 적소 생활을 위로해 주는 강아에 대한 고마움이 적혀 있었다.

불우한 남편의 생활 속에서 남편에게 위로를 주는 여자라면, 조금도 나무랄 것이 없다는 부인의 글을 받고 송강은 고마웠다. 강아 역시 부인의 너그러운 마음을 고마워하며 더욱더 알뜰히 송강을 보살폈다.

이제 두 사람 사이에는 누구에게서도 발견할 수 없는 뜨거운 애정의 강물이 마음 밑바닥으로 끊임없이 교류되고 있었다.

그러나 두 사람의 애정관계는 오래 가지 못했다. 선조 25년, 임진왜란이 발발하자 선조는 송강을 서울로 부른다.

송강은 유배지의 생활을 청산하는 기쁨과 나라에 대한 우국, 그리고 강아와의 이별 때문에 마음이 복잡했다. 강아의 심정 역시 마찬가지였다. 마지막으로 송강을 보내면서 강아는 아쉬운 마음을 이렇게 읊었.

"오늘밤도 이별하는 사람 하~ 많겠지요. 슬프다~! 밝은 달빛만 물 위에 지네. 애달프다~~! 이 밤을 그대는 어디서 자오! 나그네 창가엔 외로운 기러기 울음뿐이네!"

부인 안씨는 강아와 함께 서울에 올라올 것을 송강에게 권했지만, 강아는 끝내 거절하고 강계에서 혼자 살며 송강과의 짧은 사랑을 되새기며 외로운 세월을 보냈다.

그리고 송강이 1593년 강화의 우거에서 생을 마쳤다는 이야기를 들은 강아는 이 세상에 송강이 없다는 가혹한 슬픔 앞에 몸부림치다가 홀연히 강계를 떠났다. 그리고 그 후 강아의 소식을 아는 사람은 더 이상 아무도 없었다.

오늘날 고양시 덕양구에 위치한 송강마을에는 송강을 기리는 송강문학관과 더불어 강아의 무덤이 모셔져 있다. 무덤 앞의 묘비 전면은 '의기 강아묘(義妓江娥墓)' 다섯 글자가 새겨져 있고, 그 뒷면엔 다음 글이 새겨져 있다.

> '江娥 – 松江 鄭澈이 전라도 관찰사로 재임 시 남원(南原)의 동기(童妓)인 자미(紫薇)를 사랑하자, 세상 사람들이 松江의 字를 따서 江娥라 불렀다'

송강은 도승지에 임명되어 강아에게 석별의 시를 지어주고 임지인 한양으로 떠났다.

그리고 강호에 유배되어 은둔생활을 하는 그에게는 그의 어두운 심연에 불을 밝혀준 강아가 있었다. 송강을 향한 애정으로 삼천리 먼 곳을 오르고 내리면서 그를 찾아온 강아의 구애(求愛)는 결국 송강을 감탄시켰다.

송강은 '강아'와 시를 나누고 그녀의 문학에 대한 조예와 아름다움에 반했다. 요컨대 이들이 적소에서 나눈 사랑에는 단순한 육애(肉愛)만이 아닌 예술인의 깊고 깊은 교분이 존재했을 터이다.

훗날 애틋한 여심이 이루어낸 고귀한 사랑!! 그 후 강아는 소심(素心) 보살이란 이름으로 입산수도하다가 고양 신원의 송강의 묘소를 찾아 한 평생을 마감했다고 한다.

전라감사 심수경과 금개

조선시대엔 아무리 첩이라 해도, 그가 어떤 남성과 과거에 살았건 그건 전혀 흠이 되지 않았다. 그가 기생이었다고 해서 그것이 그를 첩으로 받아들이는데 그 어떤 주저의 이유가 될 수는 없었다. 심수경(沈守慶. 1516~1599)의 '견한잡록(遣閑雜錄)'의 이야기다.

'가정(嘉靖) 경신(庚申,1560년) 겨울에 전라감사로 나갔다가 이듬해 신유년 봄에 병으로 전주에 머물며 조리하던 중에 기생 금개(今介)와 함께 산 지 한 달 남짓 됐다. 금개는 20살인데, 성질이 약삭빠르고 영리했다. 전주에서 돌아올 때 정오가 되어 우정(郵亭)에서 쉬고 있는데, 기생 또한 따라와 송별하기에 내가 시를 지어 주기를,

봄 내내 병중에서 보내다가	一春都向病中過
이별하기 어려운 것 넌들 어찌 하리	難思無端奈爾何
침상에서 몇 번이나 눈썹을 찡그렸고	枕上幾回眉蹙黛
술자리에서는 그저 애교의 눈웃음이었네	酒邊空復眼橫波
(전주) 객사에 늘어진 버들 애타게 보며	愁看客舍千絲柳
참고 양관의 한 곡조 들어 주소	忍聽陽關一曲歌
문밖에 해가 져도 떠나지 못하겠으니	門外日斜猶未發

| 좌중에 누가 고민이 많음을 알아주랴 | 座間誰是暗然多 |

했다. 그후 20여 년이 지나 내가 첩(妾)을 잃었다.

　어떤 사람이 와서 "전주 기생 금개가 일찍이 사람을 따라 상경했다가 그 사람이 죽어 과부로 지내는데, 마침 공의 첩을 잃었다는 말을 듣고 옛정을 사귀고자 한다" 하기에, 내가 허락하고자 했지만 마침 사고가 있어서 이루지 못하였으니, 헤어졌다가 다시 합치는 것도 운수가 있는가 보다'

심수경은 1560년 10월부터 1561년 7월까지 전라감사를 지냈다.

또, '견한잡록(遣閑雜錄)'엔 을묘(乙卯)년 여름에 왜구가 호남에 침범하니, 이조 좌랑 김귀영 등이 종사관이 되어 토벌했다는 기록이 보인다.

명종은 1562년 성천도(成川圖), 영흥도(永興圖), 의주도(義州圖), 영변도(寧邊圖)를 병풍으로 만들고 신하들에게 시와 시문을 짓게 했다고 했다.

> '임술(壬戌, 1562)년 겨울에 하교하기를, "김주는 성천도를, 박충원은 영흥도를, 오상은 의주도를, 심수경은 영변도를 각기 맡아 기문과 장편시를 지어 비어 있는 비단폭에 직접 써서 들이라" 했다. (중략) 이보다 앞서 한양궁궐도(漢陽宮闕圖)가 있었는데, 홍섬(洪暹)에게 기문을 짓고 정사룡(鄭士龍)에게 장편시를 짓게 하였다. 또 평양도(平壤圖)는 정유길(鄭惟吉)이 장편시를 짓고 전주도(全州圖)는 이량(李樑)이 장편시를 지었는데(全州圖李樑製長篇詩, 전주도리량제장편시) 모두 병풍에 그린 것이라고 한다. 듣자니, 이 병풍 그림을 좌우에 두고 영원히 전할 것이라고 하였는데, 임진년의 병화로 모두 불에 타고 말았으니, 아, 애통하다'

현재 전주지도(보물 제1586호), 완산부지도(보물 제1876호), 전주부지도(전북 유형문화재 제80호)가 문화재로 지정됐으나 시기로 보면 전주도(全州圖)가 가장 앞선 것 같다. 3세기 정도가 차이가 나지 않나. '견한잡록'에 등장하는 기생 금개는 어떤 사람이었을까. 다시 한 번 이 책을 들춰본다.

한편 전주 시내 중심부에 위치한 전주 풍패지관(객사, 보물)이 고려시대부터 존재했을 것으로 추정되는 발굴조사 결과가 나와 눈길을 끈다.

전주시는 고려시대 객사인 전주 풍패지관에 대한 발굴조사를 통해 풍패지관의 규모와 축조내력, 변천과정을 밝힐 수 있는 중요한 자료를 확보했다.

발굴조사 결과, 월대(月臺, 궁궐 혹은 정전 등 중요한 건물 앞에 설치하는 넓은 기단 형식의 대(臺))시설과 월대시설 남쪽으로 연결된 중앙 계단지, 월대 주변의 박석시설 등의 유구가 확인됐다.

유구 안에서는 봉황무늬수막새와 분청사기 등 조선시대 전기의 유물이 출토돼 풍패지관의 본래 형태와 건립연대, 위상 등을 확인할 수 있었다.

풍패지관 건물 남쪽에 동서 길이 17.5m, 남북 너비 5.2m 규모인 월대시설은 조선후기의 고지도를 통해 존재 가능성이 추정돼 왔으며, 이번 발굴조사에서 처음으로 그 전체 모습이 확인됐다. 또, 월대 내부에서는 분청사기편이 출토됐으며, 이를 통해 이 월대는 15세기 무렵에 축조된 것으로 추정된다.

중앙계단은 월대시설 남쪽 중앙에 설치돼 있으며, 너비는 2m다. 발굴조사 결과 한 단만 잔존하고 있으며, 끝에는 계단 발판 1열이 추가로 확인됐다. 박석시설은 월대와 계단시설을 중심으로 남쪽과 동쪽에 집중적으로 확인됐다.

조선시대 월대시설과 박석시설 아래는 고려시대의 대지 조성층과 통일신라시대의 대지 조성층도 확인됐다.

특히 고려시대 대지조성층에서는 동익헌 남쪽에서 고려시대 초석건물지의 유구가 확인됐으며, 그 주변으로 '전주객사 병오년조(全州客舍 丙午年造)'의 글자가 찍힌 고려시대 기와편과 상감청자편, 일휘문수막새, 건물벽체편, 전돌 등이 출토됐다. 이 유물들은 전주객사가 고려시대부터 존재하고 있었다는 중요한 증거라는 것이 발굴조사 관계자의 설명이다.

전주객사가 고려시대부터 존재했을 것으로 추정되는 문헌기록으로는 고려시대 문신이었던 이규보가 전주목의 관리로 부임했을 때인 1199~1200년 무렵 전주객사를 배경으로 지은 시문이 동국이상국집에 전해지고 있다.

그는 '동국이상국전집' 제9권에 '전주 객사(全州客舍)에서 밤에 자다가 편협한 회포를 쓰다'를 창작했다.

남자라면 다같이 고생과 영광이 있건만	一般男子有枯榮
가슴 속에 쌓인 덩이 모두 불평뿐이네	堆阜撐胸意未平
종일토록 영중에 무릎 꿇고	盡日營中猶曲膝
날이 새면 창 밖에 나가 스스로 호명하니	五更窓外自呼名
여러 차례의 광언 눈썹을 지지고 싶고	狂言屢發眉堪炙
편협한 분개 사라질 수 없어 병이 생기려 하니	褊憤難消瘦欲生

| 백 가지로 잘못을 찾아보지만 굽힐 수 없나니 | 百計覓瘢難屈處 |
| 이 마음 길이 물과 같이 맑다오 | 寸心長共水爭淸 |

이 기록을 참조하더라도 전주객사는 적어도 1199년(고려 명종 25년) 이전부터 존재하고 있었음을 추정할 수 있다.

이외에 이번 발굴조사에서는 통일신라시대 대지 조성층에서 적심석기초(생땅이 나올 때까지 기초 웅덩이를 파고 적심석(積心石)이라고 하는 자갈을 층층이 다지면서 쌓아 올리는 기초)의 흔적과 함께 '官'자명이 찍힌 선문기와, 완(토기) 등도 출토됐다. 통일신라시대 대지 조성층은 풍패지관 외에도 전라감영과 경기전 등 전주 구시가지 일원에 폭넓게 분포하고 있으며, 이를 통해 통일신라시대 완산주 설치와 함께 대규모 토목공사가 이루어졌을 것으로 추정된다.

전주 풍패지관은 왕의 상징인 궐패(전패, 조선시대, 각 고을의 객사에 모셔 두는 '闕(궐)'자를 새긴 나무패)를 모시고 망궐례(望闕禮, 직접 왕을 배알하고 경의를 나타낼 수 없을 때, 멀리서 궁궐을 바라보고 절하는 예식)를 지내며 외국 사신을 맞이하는 중요한 건물이지만 상대적으로 문헌기록이 적어 건립 및 중수내력 등을 명확히 알 수 없었다. 이에 시는 풍패지관의 규모와 형태, 건립시기 등을 파악하고, 보존정비의 기초자료 확보를 위해 풍패지관 주관건물의 남쪽구역과 창고와 담장이 있었을 것으로 추정되는 서쪽구역의 두 지점을 대상으로 정밀발굴조사를 진행했다.

파성령(坡城令)이 남원 기녀와 사랑에 빠지다

종실 파성령(坡城令)이 남원 기생과 사랑에 빠져 있었다. 이별할 때 기생이 속여 말하기를 '한 번 이별한 뒤에 어찌 차마 구차히 태어나겠습니까, 차라리 뱀으로 화해서 낭군을 찾아가겠습니다' 하니 파성군이 믿었다고 했다.

—송계만록(松溪漫錄)

뱀에게 제문을 올린 종실 파성령

조선 선조 임금 무렵 종실 파성령은 각지로 돌아다니며 여색에 빠져 있었다. 가는 곳마다 이별하는 기녀들과의 눈물은 헤아릴 수 없었다. 전라도 남원에서 또 며칠을 놀았다. 관기 무정개(武貞介)가 그를 따르며 여러 가지로 아양을 떨었다.

"진사 나리, 낭군과 한번 이별하면 소녀는 살맛이 없소이다. 아주 데리고 가주세요"

"데려가고 싶지만 종실이 지방의 관기를 데려다 산다고 하면 국가에서 걱정이 대단할거야"

"진사 나리, 소녀는 못 기다립니다. 이별한 후 이 몸이 죽어서 뱀이 되어 낭군을 따라가겠습니다"

그녀는 따라가겠다고 속여 말했다. 이 말을 들은 파성령은 매우 감격하여 슬퍼했다

파성령은 뿌리칠 수 없었다. 다음에 다시 와서 데리고 간다고 간곡히 다짐하고 떠났다. 여기저기를 들러 공주로 향했다.

그런데 목사 정희현(鄭希賢)은 파성령이 남원에서 기생과 이별할 때 나눈 이야기를 들어 알고 있

었다. 파성령이 공주 관아로 들어와 정목사를 찾았다. 구면이었다.

"아이구, 파성령, 오래간만에 뵈옵니다. 어려운 출입을 하셨습니다. 어서 오십시오"

정목사가 반가이 대해주었다.

멀리서 온 손님이라 하여 주연상을 차리고 대접했다.

정목사는 파성령이 앉을 자리 밑에 거의 죽어가는 뱀을 미리 숨겨놓았다. 술이 돌아가고 관기들의 노래와 춤이 어울려갈 때 파성령은 남원에서 이별한 기생 생각이 간절했다. 혹시 자기를 그리워하다 죽지는 않았을까 하고 골똘해 있었다. 술이 돌아가고 취흥이 도도해지자 정목사는 파성령의 자리 옆으로 가 술을 권했다.

정목사는 금강에서 잡은 잉어를 가져오며 여러 관기를 시켜 술을 권했다.

파성령도 이제 술이 들어가자 취흥이 도도해졌다. 이러한 기회를 이용해 정 목사는 자리 밑에 숨

겨둔 뱀의 꼬리를 슬그머니 꺼냈다. 파성령이 이것을 보았다. 목사는 진노한 듯 소리쳤다.

"여기 괴상한 물건이 있구나. 손님 앞에 이게 웬일이냐? 잡아 없애라!"

하인이 들어와 파성령이 앉았던 자리에서 뱀을 잡아 내리쳤다. 거의 죽은 뱀인 까닭에 꿈틀거리다가 죽었다.

파성령은 한탄해 마지않았다.

"죽었구나. 드디어 가고 말았어. 네 말이 참말이구나"

"왜 그러시오?"

"미물이라도 사실은 사람의 원한이 붙어 있구려"

술상이 끝난 후 파성령은 죽은 뱀을 남원 기생 무정개의 영혼이라 하여 자기가 입고 다니던 속적삼으로 싸서 객사 근처에 묻었다. 그리고 제문까지 지어 제사를 지내주었다.

정목사는 자신이 장난한 것을 파성령은 참인 줄 알고 정중히 대하니 웃을 수도 없었다. 단지 '파성령이 상당히 미쳤구나' 하는 생각만 들었다. 예로부터 전해지는 상사뱀(想思蛇)의 전설을 정말로 여긴 파성령이 애처롭기까지 했다.

파성령이 입고 있던 웃옷을 벗어 뱀을 싸서, 잘 묻어 달라고 하고 제사를 모시니 보는 사람들이 모두 웃었다.

포쇄별감 채세영과 전라감영 기녀

　채세영(蔡世英)이 내한(內翰)으로서 포쇄별감(曝曬別監)이 되어 전주(全州)에 내려가서 사책(史冊)을 볕에 쬐어 말리게 되었다. 선언(宣言)하기를 "대부(大夫, 관료)가 왕명을 받들고 고을에 사신 가면 기생을 시켜 객사(客舍)에서 시침(侍寢)하게 하는데, 이는 매우 음란한 행실에 속하니 먼저 여러 읍에 글을 보내어 기녀를 시켜 빈관(賓館)에서 시중드는 일이 없게 하라."했다.

　연로(沿路)의 각 고을이 모두 두려워하여 이르는 곳마다 여색(女色)이 접근하지 못하였다. 전주(全州)에 당도했으나 계속되는 장마로 사고(史庫)의 문을 열지 못하고 여러 날 묵게 되자 무료함을 견디지 못했다.

　부윤(府尹)이 판관(判官)에게 이르기를, "연소한 사관(史官)이 오래도록 빈관(賓館)에 머물러 있는데도 명령이 엄하여서 여색을 들여보내지 못하니, 주인의 귀한 손님 대접하는 것이 어찌 이러하랴. 판관(判官)은 잘 주선해 주기 바란다." 하니 판관이 대답하고 물러갔다.

　수기(首妓, 우두머리 기생)와 의논하고 부기(府妓, 관아에 딸린 기생) 가운데 연소하고도 미색인 자를 가려 소복(素服)으로 단장시키니 용모가 더욱 아름다웠다.

　절굿공이를 손에 쥐고 객사 가까운 곳에서 절구질을 하게 하는 한편, 채사(蔡使)를 시중드는 아이와 약속하기를, "한림(翰林)께서 반드시 네게 물을 것이니, 너는 대답하기를 '관기(官妓)가 아니고 서울 재상(宰相)의 집 종으로서 친가(親家)에 다니러 왔다가 상(喪)을 당한 지 석 달이 되었습니다. 백 일의 기한이 다가오기 때문에 그대로 머물러 있습니다.' 하라" 했다. 채한림은 소복한 계집이 전주 객사의 행랑 곁에서 절구질을 하는데 용모가 절색임을 보고는 마음이 허전하기가 마치 무엇을 잃은 듯하였다.

시중드는 아이에게 묻기를, "저 절구질하는 계집이 바로 고을의 기생이냐?"

"아닙니다. 서울 김 판서집 종인데 친상(親喪)을 당하여 머물러 있습니다."

"그렇다면 어느 때 상을 당했느냐?"

"백 일이 가까웠습니다. 천인(賤人)은 백 일로 탈상(脫喪)을 하기 때문에 그날을 기다려서 돌아가려는 것입니다."

채한림은 그날 밤 한 잠도 못 자고 이튿날 아침에 아이에게 물었다.

"기생이 아니라면 너는 어찌하여 탕관(湯官)에게 고하여서 비밀히 유인해 데려오게 하지 않았느냐?"

"만약 임자가 있다면 일이 어려울까 합니다."

"그렇지만 시험삼아 말해 보도록 하고 다른 사람에게는 알리지 말라."

아이가 달려가 탕관에게 고하여 객사로 유인해왔다.

이날부터 밤이면 오고 아침이면 돌아가곤 했으나 채한림은 아는 사람이 없으려니 했다.

어느 날, 전주부(府)의 관원이 내한(內翰)을 위하여 잔치 자리를 벌였는데 기생들이 대거 참여하여 화려한 비단옷이 눈을 부셨으며, 지난 날의 소복 입은 계집도 윤이 흐르는 머리를 금비녀로 장식하고 거문고 뜯고 노래하는 대열에 섞여 있었다.

채한림은 비로소 속은 줄 알고 크게 놀랐다. 그러나 이때부터는 조금도 남의 눈치를 살피지 않고 밤낮으로 자리를 함께하여 애정이 무르익었다.

공무(公務)를 마치고 돌아가게 되어 역정(驛亭)에서 그 기녀와 작별하게 되었는데, 눈물이 나오는 것을 억제하려 하나 두 눈에서 저절로 쏟아져 나와서 비록 남의 눈을 피하여 부지런히 닦아도 금할 수 없었다. 눈물을 참고 건물을 쳐다보면서 아이에게 묻기를

"이 집은 어느 해에 세운 것이냐?"

"아무 해에 세웠습니다."

"그때의 부사는 누구인가?"

"아무입니다."

채한림이 머리를 숙이고 탄식하기를

'아아! 인생이란 가련한 것이다. 그는 이미 죽었다.'

하고 눈물을 펑펑 쏟아서 기생의 소매를 모두 적셨다.

고을 사람이 웃으면서 말을 전하기를 "채포쇄(蔡曝驪)의 눈물은 발이 매우 굵다" 했다. 내가 일찍이 늙은 기생 노응향(露凝香)의 말을 들으니, "객사에 묵은 관원으로서 기생을 보면 농짓거리하고 웃는 자는 변하기 어렵고, 기생을 보고 정색(正色)하는 자는 꺾이기 쉽다"했다. (어우야담)

'반계수록'에 기생의 폐단을 논하다

  오늘날 관아에서 음란한 창녀를 길러 사객(使客, 사신)이 오면, 얼굴을 단장하고 옷차림을 화려하게 하여 기다리게 했다가 술을 따라 권하고 음악을 연주하여 흥을 돋우니 이름하여 방기(房妓)라 한다. 이러하여 정에 끌려 색욕에 빠져서 정사(政事)를 해치고 풍속을 손상하여 본심(本心)을 잃은 자가 수를 셀 수 없다. 오늘의 왕명을 받들어 관부(官府)에 사신 오는 자가 비록 사대부라 이름하나 유연(流連) 오래 머뭄)을 면치 못하는 이가 많고, 사사로운 일로 시골에 온 나그네는 비록 어리석은 무리라 하더라도 오래도록 나그네로 있으면서 기생을 범하는 자가 드물게 있으니, 세(勢)가 그렇게 만드는 것이다. 근래의 일만 보아도 경선(京選, 도성에서 기생을 뽑음)이 끝나기 전에는 사부(士夫)가 황음(荒淫)하여 기생의 무리와 다름없다가도 끝나면 폐단이 곧 그쳤으며, 근년(近年)의 진풍정(進豊呈) 때에도 임시로 시골 기생을 불러올려서 조정의 벼슬아치가 기생을 다투어 서로 욕하고 싸우는 자가 많으니 그 득실(得失)을 징험(徵驗)할 수 있다. 그리고 저들도 사람인데 웃사람이 인륜의 도리를 가르치지 않고 문적(文籍)에 올려 기생을 만들어 남편을 얻지 못하게 하고 서방을 얻으면 곧 처벌하니, 이것이 대체 무슨 법도인가

 이는 반계 유형원(柳馨遠, 1622~1673)의 '반계수록(磻溪隨錄)'에 나오는 이야기다.
 '유연(流連)'은 '유연망반(流連忘返)'을 말한다. 뱃놀이에 빠져 돌아가는 것을 잊음을 뜻하며, 방탕(放蕩)한 놀음에 빠져 본분(本分)을 잊어버림을 비유한 말이다. '유연황망(流連荒亡)'이라고도 한다.

'유연(流連)'은 뱃놀이를, '황(荒)'은 사냥을, '망(亡)'은 술자리를 뜻한다. '맹자(孟子)' 권2 '양혜왕하(梁惠王下)'에 나오는 이야기다.

맹자가 설궁(雪宮)에서 제(齊)나라 선왕(宣王)을 접견하였을 때, 선왕은 맹자에게 현명한 사람의 즐거움에 대하여 물었다.

이에 맹자는 "백성이 즐거워하는 것을 즐거워하면 백성들 또한 그 윗사람의 즐거워함을 같이 즐거워하고, 백성의 근심을 걱정해 주면 백성들도 또한 그 윗사람의 근심을 걱정합니다. 천하가 다 같이 즐거워하는 것을 함께 즐거워하고, 천하가 다 같이 근심하는 것을 함께 걱정합니다. 그렇게 하고서도 王 노릇을 하지 못하는 사람은 있지 않습니다.

樂民之樂者, 民亦樂其樂; 憂民之憂者, 民亦憂其憂. 樂以天下, 憂以天下, 然而不王者, 未之有也

라 하고서 제(齊) 경공(景公)과 안자(晏子)의 대화를 인용하여 다음과 같이 대답했다.

" … 흐름에 따라 배를 타고 내려가며 돌아가기를 잊는 것을 류(流)라고 합니다

從流下而忘反謂之流

흐름에 따라 배를 올라가면서 돌아가기를 잊는 것을 연(連)이라 합니다

從流上而忘反謂之連

짐승을 따라다니며 싫증나는 줄을 모르는 것을 황(荒)이라 합니다. 술을 즐기며 싫증나는 줄을 모르는 것을 망(亡)이라 합니다."

선왕(先王)들께서는 유연(流連)하는 즐거움과 황망(荒亡)한 행동을 하지 않으셨습니다. 오직 임금께서만 이러한 일들을 하고 계십니다.

'설궁'은 제나라의 도읍에 있었던 별궁(別宮).
'경공'은 춘추시대 제나라의 유능한 군주(기원전 547-490년 재위), '안자'는 춘추시대 제나라의 대부(大夫) 안영이다.

경기전 영전재랑(影殿齋郎)이 재실에 기생을 동반하다

전주 경기전(慶基殿)은 전주성(全州城) 안에 있으니 태조(太祖)의 영정(影幀)을 봉안한 곳이다.

인조의 계해반정(癸亥反正(1623) 이후. 원(元) 정승 두표(斗杓)가 정사공신(靖社功臣)으로서 방백(方伯)이 되어, 영전재랑(影殿齋郎)이 기생을 불러 별당(別堂)에서 함께 자는 것을 보고, 그 집 별당을 헐어서 공지로 만들었다.

그뒤 연소한 재랑이 집을 떠나 객지에 와 있었는데 쓸쓸함을 이기지 못하면 기생집에 가서 자기도 하고, 또 재실(齋室)로 몰래 데리고 와서 잤다는 기록이 실려 있다.

이는 정재륜(鄭在崙)의 '동평록(東平錄)'에 기록된 내용이다.

전주 경기전(사적)은 조선 왕조를 개국시킨 태조 이성계의 어진을 봉안한 곳이다.

태종은 1410년 전주·경주·평양에 태조의 모습을 그린 초상화를 모시고 어용전이라 하였다. 그

후 태종 12년(1412)에 태조진전이라 부르다가 세종 24년(1442)에 와서 전주는 경기전, 경주는 집경전, 평양은 영숭전으로 달리 이름을 지었다. 경기전은 임진왜란 때 불탄 것을 광해군 6년(1614)에 다시 고쳐 지었다.

태조 어진을 모신 곳을 어용전, 태조진전 등으로 명명하던 것을 1442년(세종 24년)에 경기전이라고 명명했다. 1410년에 창건된 경기전은 1597년 정유재란 때 소실되고 1614년에 중건했다. 1872년 태조 어진을 새롭게 모사하여 봉안하면서(태조영정, 보물) 경기전의 전반적인 보수가 이루어졌다.

우물천정 단청 등의 의장이 화려한 편으로 다른 유교 건축과 차별화된 권위성을 볼 수 있다. 구조 부재들의 이음과 맞춤이 정확하며 견고하고 조선 중기의 전통 건축 기법이 잘 전수된 안정된 구조와 부재의 조형 비례는 건축적 품위를 돋보여준다.

조선왕조를 개국한 태조 어진이 봉안된 정전 기능과 품위에 기준한 내신문 내의 신로 및 향로의 엄격한 격식, 그리고 정전과 배례청 평면 조합 및 어방구조 등이 보물로서의 문화재 가치가 인정된다.

이곳의 태조어진은 국보로 지정됐다. 조선을 건국한 태조 이성계의 초상화로 가로 150㎝, 세로 218㎝이다. 태조의 초상화는 한 나라의 시조로서 국초부터 여러 곳에 특별하게 보관되어 모두 26점이 있었으나 현재 전주 경기전에 있는 태조 초상화 1점만이 남아있다.

이 초상화는 임금이 쓰는 모자인 익선관과 곤룡포를 입고, 정면을 바라보며 용상에 앉아있는 전신상으로 명나라 태조 초상화와 유사하다. 곤룡포의 각진 윤곽선과 양다리쪽에 삐져나온 옷의 형태는 조선 전기 공신상에서 볼 수 있는 특징이다. 또한 바닥에 깔린 것은 숙종 때까지 왕의 초상화에 사용된 것으로, 상당히 높게 올라간 것으로 보아 오래된 화법임을 알려준다. 의자에 새겨진 화려한 용무늬는 공민왕상에서도 보이는 것으로, 고려말에서 조선초까지 왕의 초상화에서 나타나고 있다. 익선관은 골진 부분에 색을 발하게 하여 입체감을 표현하였고, 정면상임에도 불구하고 음영법을 사용하여 얼굴을 표현했다.

고종 9년(1872)에 낡은 원본을 그대로 새로 옮겨 그린 것인데, 전체적으로 원본에 충실하게 그려 조상화 중 가장 표현하기 어려운 정면상임에도 불구하고 훌륭하게 소화해 낸 작품으로 조선 전기 초상화 연구에 있어 귀중한 자료가 된다.

한편 조선 건국의 역사가 담긴 경기전 안의 전주 조경묘 정묘(肇慶廟 正廟)가 최근들어 보물로 지정됐다. 1771년(영조 47년)에 세워진 조경묘는 전주이씨의 시조인 이한과 그의 부인의 위패를 봉안한 사당이다. 전주 한옥마을 경기전 안에 위치해 1973년 전라북도 유형문화재 제16호로 지정됐다.

문화재청은 조경묘 정묘에 대해 조선시대 왕실이 주도해 지방에 세운 예제건축(국가의례를 위한 공간으로 단(壇)과 묘(廟)의 형태가 있어 단묘건축으로도 불림)으로, 희소성이 있고, 수준 높은 건축법과 독특한 구조·원형을 잘 보존하고 있는 등 역사적 가치가 높다는 점을 보물 지정 배경으로 설명했다.

조경묘 정묘는 높은 기단, 월대(기단보다 한층 높게 쌓은 단) 조성 등을 통해 품격을 보여주고 있고, 외관도 비례와 균형이 잘 잡혀 있어 당당한 느낌을 준다.

조경묘는 창건의 전말과 수리 기록, 의례와 건축 등을 자세히 기록한 '조경묘 경기전 수리등록' 등과 조경묘를 자세히 그린 고지도 및 도형, 일제강점기에 관리한 기록물이 잘 남아 있어 문헌과 실재를 비교해 볼 수 있는 좋은 사례로 꼽힌다.

한편 조경묘에 이어 현재 조선왕실과 관련한 문화재의 국가지정문화재로의 추가 지정 추진도 계획하고 있다. 전주동물원과 전북대학교 사이에 위치한 전주이씨 시조 이한의 묘역인 조경단이 대표적이다. 조경단은 2022년 3월 전북문화재위원회 심의를 통과해 현재 문화재청에서 사적 심사를 진행하고 있다.

노진(盧禛), 선천 기생에게 힘입다

옥계(玉溪) 노진(盧禛, 1518~1578)은 남원(南原)에 살았는데, 일찍이 아버지를 여의고 집이 가난했다. 장성했지만 장가 갈 곳이 없었다.

그 당숙(堂叔)이 무관(武官)으로서 선천(宣川) 수령으로 가 있을 때이다. 옥계의 모친이 혼수를 마련할 돈을 선천에 가서 좀 얻어오라고 권했다.

옥계는 편발(編髮, 머리를 땋아 늘임)로 걸어서 선천에 도착하였으나, 문지기가 저지하여 들어갈 수가 없어 노상에서 방황하다가 지나가던 한 동기(童妓)를 만났다.

동기는 길을 가다가 멈춰서서 한참 동안 그를 살펴본 다음

"상공(相公)은 어디에서 오십니까?"

하고 물었다.

옥계가 사실대로 이야기를 하니, 기생이 말하기를

"내 집이 아무 마을 몇 번째 집으로 거리가 멀지 않으니 상공은 내 집에 오셔서 쉬십시오."

했다.

옥계가 허락을 하고 다시 관문으로 간신히 들어가서 그 당숙을 뵈옵고 여기까지 온 유래를 말했다. 당숙이 얼굴을 찡그리고 말하기를

"부임한 지도 얼마 아니 되었는데, 관채(官債)가 산처럼 쌓여 있으니 민망하다."

하고 심히 쌀쌀하게 대했다. 옥계가 고별(告別)하고 문을 나서서 곧바로 기생집을 찾으니, 기생이 반갑게 맞이했다. 그 어머니를 시켜 정성껏 저녁상을 차려주고 그날 밤 함께 동침(同寢)했다. 기생

이 말하기를

"제가 보기로는 수령의 생각이 심히 좁으니 비록 지친(至親) 사이긴 하지만 혼수를 도와주지는 않을 것입니다. 제가 공의 기골(氣骨)을 보니 앞으로 현달할 상입니다. 어찌 걸객(乞客)의 행색으로 돌아가셔서야 되겠습니까? 저에게 은전(銀錢) 5백 냥이 있으니 다시 관아에 들어갈 것 없이 이곳에서 며칠 쉬다가 그것을 가지고 돌아가는 것이 옳을 듯합니다."

이에 노진이 불가(不可)하다 하고 말하기를

"잠깐 한 번 다녀온 후 가지 않으면 당숙께서 꾸짖지 않겠는가?"

하고 물었다.

기생이 말하기를

"공은 비록 지친(至親)의 정을 가지고 있으나 지친을 어찌 의지하겠습니까? 만약 오래도록 머물게 되면 그 사람에게 괴로움만 입히게 되고, 돌아갈 때라야 불과 수십 금을 줄 터인데 장차 어찌 쓰겠습니까? 바로 이곳을 떠나십시오"

했다.

그가 수 일 동안 머무르는데 낮에는 관에 들어가서 당숙을 뵙고 밤에는 기생집에서 잠을 잤다.

어느 날 밤에 기생이 등잔불 아래에서 행장을 준비하고 은자(銀子)를 꺼내서 주머니 속에 넣었다. 새벽이 되자 외양간에서 말 한 필을 끌어내어 행장을 말 위에 싣고 재촉해서 보내며 말하기를

"상공(相公)은 10년내에 크게 귀인(貴人)이 될 터이니, 그때까지 몸을 깨끗이하고 기다리겠습니다. 만나는 곳은 노상에서 뵈올 것이니 몸을 보중하십시오."

하고 눈물을 흘리면서 문 밖까지 나와 송별했다.

옥계는 부득이 당숙을 뵙지 못하고 떠나왔다. 그리고 집으로 돌아와서 그 기생이 준 은전으로 장가를 들고 살림을 이루어 의식(衣食)이 구차하지 않았다. 이어 공부를 해서 4,5년 뒤에 드디어 과거에 올라 임금님의 은총을 받았으며, 얼마 뒤 관서관찰사(關西觀察使)로 나아가서 곧바로 선천(宣川) 기생집을 방문했다. 기생은 보이지 않고 기생 어머니가 집에 홀로 있다가 옥계의 얼굴을 알아보고 소매를 잡고 울면서 말하기를

"내 딸은 그대를 보낸 날로 이 어미를 버리고 도망쳐서 어느 곳에 있는지 알지 못한 것이 이미 몇 년이 지나가, 이 늙은 몸이 밤낮으로 생각에 싸여 눈물이 마를 때가 없소."

했다.

옥계가 망연자실해서

"내가 이곳에 온 것은 오로지 은인(恩人)을 만나기 위함인데 지금 그림자마저 없으니 쓸개가 떨어지는 것 같다. 내 기필코 그 자취를 찾아내리라."

하고, 다시 묻기를

"딸이 한 번 떠난 그 안부를 아직 듣지 못했는가?"

했다.

그 어미가

"얼마 전에 성천(成川) 경내 산사(山寺)에 있다는 말을 들었으나, 그 얼굴을 보지 못했으니 풍문으로 전해진 말을 어찌 믿을 수 있겠는가. 이 늙은 몸이 쇠약해서 기운도 없고 또 남자가 없어 찾아가지도 못한 형편이니…."

하며 탄식했다.

옥계가 이 말을 듣고서 곧바로 성천(成川) 경내의 한 사찰을 방문하여 세심히 찾았으나 형영(形影)이 없었다. 다시 다른 한 사찰을 찾았는데 사찰 뒤에 높은 절벽이 있고, 그 위에 조그만 암자가 있었다. 험준해서 발을 붙일 곳이 없었다. 옥계가 간신히 절벽을 타고 올라가서 세 승도(僧徒)에게 물었다.

"약 4,5년 전에 20세쯤 되어 보이는 한 여인이 약간의 은전(銀錢)을 불전(佛前)에 헌납하고 불좌(佛座)의 탁상 아래 엎드려서 얼굴과 머리를 가리고 아침·저녁밥상을 혈창(穴窓)으로 들여보내고 대소변 때만 잠시 나왔다가 들어가는데, 이렇게 한 지 1년이 되었으며 소승(小僧) 모두는 생불보살(生佛菩薩)로 생각하고 감히 가까이하지 못하였습니다."
라고 대답했다.

옥계가 바로 그 기생임을 알고 곧 수좌(首座) 스님을 시켜 창을 가리고 말을 전하기를
"남원(南原)에 노도령이 지금 낭자를 찾아왔으니 문을 열고 맞이해 보지 않겠느냐?"
고 했다.

여인이 그 스님에게
"노도령이 왔으면 등과(登科)를 했는가 하지 않았는가?"
고 묻자, 옥계가
"등과해서 수의(繡衣)를 입고 이곳에 왔다."
하니, 여인이 말하기를
"해가 쌓이도록 이곳에서 자취를 감추고 괴로움을 견딘 것은 모두 낭군을 위해서이니, 어찌 기쁘게 맞이하지 않겠습니까마는 몇 년 동안에 얼굴이 귀형(鬼形)이 되어 낭군을 보기 어려우니 저에게 10여 일의 여유를 주시면 첩이 다시 세수하고 화장을 해서, 본 얼굴로 돌아간 뒤에 뵈옵는것이 좋을 듯하옵니다."
고 했다.

옥계가 그 말을 따라 10여 일을 머물렀더니 여인이 화장을 하고 곱게 꾸며 나와 뵈니, 서로 손잡고 희비(喜悲)가 한데 어우러졌다. 스님 또한 그 내력을 알고 난 다음 감탄해 마지않았다.

어사(御史)가 본부로 와서 가마와 말을 선천에 보내 그 어미와 만나보게 하고, 어머니의 말씀을 들은 뒤에 사람과 말을 보내 데려와서 종신토록 함께 살면서 서로 사랑하였다. (서계야담, 溪西野談)

송인수(宋麟壽)가 부안 기생과 더불다

 명종(明宗) 때 규암(圭庵) 송인수(宋麟壽, 1499-1547)가 호남(湖南) 방백(方伯)이 되어, 남평(南平) 수재(守宰) 유희춘(柳希春)과 무장(茂長) 수재 백인걸(白仁傑)과 서로 만나 즐겼다. 그가 부안 기생을 돌아보고 마음 속으로 더욱 간절해서 수행케 하고 매양 유(柳)와 백(白)을 불러 함께 놀아서 도(道) 사람들은 이들을 '삼차비(三差備)'라 했다.

그가 임기가 차서 떠날 때 송별하기 위해서 유·백 두 수재(守宰)와 기생이 왔다. 공이 말하기를
"내가 이 기생의 교묘하고 민첩함을 심히 사랑해서 일 년 동안 자리를 같이했으나 어지럽히지 않았던 것은 실로 죽기가 두려웠음이다"
하니, 기생이 곧 앞에 있는 여러 무덤을 손으로 가리키면서 말하기를
"과연 그렇습니다. 저 잇닿아 있는 무덤은 다 알고 있는 저의 지아비 무덤입니다."

하니 좌석이 껄껄 웃었다. (성옹식소록, 惺翁識小錄)

490년을 거슬러 돌아온 '독서당계회도'에 송인수의 모습이 선보이고 있다. 그는 훗날 전라도관찰사가 된 인물이다.

문화재청은 국외소재문화재재단이 2022년 3월 미국 경매를 통해 매입한 '독서당계회도(讀書堂契會圖)'를 국립고궁박물관에서 언론에 공개하고, 이해 7월 7일부터 고궁박물관 특별전을 통해 일반에도 공개하고 있다.

중종(中宗, 재위 1506-1544) 연간에 사가독서(賜暇讀書)한 관료들의 모임을 기념하여 제작된 그림으로, ▲ 현전하는 16세기 독서당계회도 3점 중 하나이자 실경산수로 그려진 계회도 중 가장 이른 시기의 작품이고, ▲ 실제 참석자들의 이름과 계회 당시 관직명 등을 통해 제작연도를 파악할 수 있으며, ▲ 조선 초기 산수화의 면모를 보여주는 수작이라는 점에서 높게 평가된다.

사가독서(賜暇讀書)는 조선시대 젊고 유능한 문신들을 선발하여 휴가를 주고 공무 대신 학문에 전념하게 한 인재 양성책을 말한다.

그림의 상단에는 '독서당계회도(讀書堂契會圖)'라는 제목이 전서체로 쓰여 있고, 중단의 화면에는 가운데 우뚝 솟은 응봉(鷹峰, 매봉산)을 중심으로 한강변의 두모포(豆毛浦)(지금의 성동구 옥수동) 일대가 묘사되어 있으며, 중앙부에는 강변의 풍경과 누각이 자리잡고 있다. 강변에서 이어지는 길을 따라 올라가면 안개에 가려 지붕만 보이는 독서당(讀書堂)을 확인할 수 있고, 계회는 독서당이 바라보이는 한강에서 관복을 입은 참석자들이 흥겨운 뱃놀이를 하는 모습으로 표현됐다.

독서당(讀書堂)은 중종 12년(1517) 한강 연안 두모포에 신축되어 사가독서에 사용되었으며, 임진왜란 중에 소실될 때까지 학문 연구 등의 기능을 담당했다.

그림 하단에는 참석자 12인의 호와 이름, 본관, 생년, 사가독서한 시기, 과거 급제 연도, 계회 당시의 품계와 관직 등이 기재되어 있다. 참석자들은 1516년부터 1530년 사이에 사가독서한 20~30대의 젊은 관료들이다.

그림은 1531년경 한강 동호(東湖) 일대 실경 묘사가 단연 압권이다. 인재(忍齋) 장옥(張玉, 1493-?), 노암(魯庵) 홍서주(洪叙疇, 1499-1546), 동애(東崖) 허자(許磁, 1496-1551), 희재(希齋) 임백령(林百齡, 1498-1546), 규암(圭庵) 송인수(宋麟壽, 1499-1547), 졸재(拙齋) 송순(宋純, 1493-1582), 신재(愼齋) 주세붕(周世鵬, 1495-1554), 척암(惕庵) 이림(李霖, 1501-1546), 수암(守庵) 허항(許沆, 1497-1537), 동강(洞江) 신석간(申石澗, 1493-?), 십성당(十省堂) 엄흔(嚴昕, 1508-1553), 간재(艮齋) 최연(崔演, 1503-1549) 등 12명이 참석했다.

그 중 청백리이자 백운동서원을 설립하여 서원의 시초를 이룬 주세붕(周世鵬, 1495-1554), 성리학의 대가로 추앙받았으며 '규암집(圭菴集)'을 저술한 송인수(宋麟壽, 1499-1547), 약 50년 간 요직을 두루 거쳤으며 시문에 뛰어났던 송순(宋純, 1493-1582) 등의 관료들이 주목할 만하다.

송인수는 1543년(중종38) 전라도관찰사로 좌천됐다. 관찰사로 있을 때 영암에 '기영정(耆英亭)'을 세우고, 이곳에서 면앙정(俛仰亭) 송흠(宋欽)을 위해 잔치를 베풀었다. 또 남평현감(南平縣監) 유희춘(柳希春), 무장현감(茂長縣監) 백인걸(白仁傑) 등을 불러서 학문을 토론하기도 했다. 1544년(중종 39) 형조 참판이 되어 동지사(冬至使)로서 중국 북경에 다녀왔는데, 명나라 사람들이 그의 고결함을 보고 '빙옥(氷玉)'이라고 칭찬한 바 있다.

전주 생강 장수가 신세를 한탄하는 시를 읊다

유몽인(柳夢寅, 1559~1623)의 '어우야담(於于野談)'에 실린 '올공금팔자(兀孔金八字)'라는 기사가 전한다.

남쪽(전주) 출신의 상인 한 사람이 배에 생강을 싣고 평양으로 팔러 갔다가 기생에게 유혹당하여 지닌 돈을 모두 탕진해 버리고, 마침내 기생에게 쫓겨나는 신세가 되었다. 한탄을 금치 못하여 시 한 수를 읊었다.

멀리서 보면 죽은 말(馬) 눈깔 같고	遠看似馬目
가까이서 보면 고름이 흐르는 종기 같네	近視如濃瘡
두 볼에 이빨 하나 없는데도	兩頰無一齒
한 배 [船]의 생강을 모두 먹어 버렸네	能食一船薑

불 때는 자가 다른 사람을 비웃어 말하다

어떤 상인이 역시 평양으로 가서 물건을 팔아 몇 갑절의 이익을 보았다. 그러나 그 또한 기생에게 유혹당하여 앞서 말한 생강 장수의 신세가 되고, 마침내 기생집의 고용인(雇傭人)이 되어 방에 불을 지펴주고 식은밥을 얻어먹었다. 하루는 한 상인이 그 집으로 와서 기생을 끼고 노는 것을 보고 손가락질하면서 비웃어 말하기를 "불땔 놈이 또 왔군" 했다.

올공금팔자(兀孔金八字)

'어우야담於于野談'에 이르기를 속담에 올공금팔자라는 말이 있다.

올공금(兀孔金)이란 것은 장고(杖鼓)의 용구철(龍駒鐵)을 말한다.

팔자(八字)는 음양사주로서 옛날 전주의 한 상인이 배에 생강을 가득 싣고 평양 대동강에 닻을 내렸다.

생강은 남쪽 지방에서 나는 귀한 물건으로 관서 지방에서만 생산되지 않는다. 그 값이 매우 비싸서 한 배의 물건이 1,000 필의 포목(布木)과 1,000 석의 곡식에 해당하였다.

평양의 이름난 기생으로서 이를 욕심내는 자가 많았다. 한 요염한 계집이 그 상인을 유혹하여 인연을 맺고 불과 몇 해 동안에 한 배의 물건을 모두 먹어치우고는 그 상인을 멀리해서 배척하였다.

상인이 집으로 돌아가려 하나 빈손으로 돌아가면 마을 사람이나 친척을 대할 면목이 없어 돌아가지 못하고 그 기생집에 머물면서 고용살이를 하였다. 땔나무를 해오는 등 손발이 닳도록 일해서 누더기옷과 식은밥을 얻어먹으면서 연명했다.

그 기생은 다른 남자와 비단금침 속에서 원앙의 꿈에 무르녹는데, 그 상인은 부엌바닥에서 몸을 웅크리고 불을 때서 방을 따스하게 해주어야 했다.

그 괴로움을 어찌 견디랴. 하루는 작별을 고하고 돌아가려니 기생이 노자(路資)를 주려 하나 한 말 쌀이나 한 치의 천도 주기 아까웠다.

하여 집안의 먼지가 켜켜이 앉은 쓸모없는 물건을 찾아보니 장고의 올공금 열여섯 개가 가장 낡아서 쓸모없어 보였다. 기생이 이것을 상인에게 내주면서 말하기를

"가다가 이것으로 쌀이나 바꿔 양식을 마련하도록 하라."

했다.

상인이 기뻐서 받아 가지고 울면서 하직하고 돌아가다가 길 위에서 올공금을 모래흙에 닦아보니 까맣게 윤이 나서 볼 만하였다. 마음 속으로 이상스럽게 여겼다. 황강(黃岡) 시장에 이르러서 이를 팔려 하니 값이 점점 올라서 백만에 이르렀다.

식자(識者)가 이를 의심하여 자세히 살펴보고 말하기를

"이는 오금(烏金)이다. 황금에 비해서 값이 십 배나 된다."

고 했다.

전주에 이르러 백만금에 팔았다. 상인은 옛날의 사업을 복구했을 뿐만 아니라, 졸지에 우리나라의 갑부(甲富)가 됐다. 사람들이 오금장자(烏金長者)라고 불렀으니, 속담의 이른바 '올공금팔자'가 바로 이것이다.

완산의 노기(老妓) 향린(香蘭)

완산(完山)의 노기(老妓) 향린(香蘭)은 정상국(鄭相國) 지화(知和)가 사랑했던 여인으로 도성의 여러분이 많은 시를 지어주어 권축(卷軸)을 이루었다. 시축(詩軸) 가운데 장난삼아 쓰다.

푸른 옷소매에 칠보(七寶) 무늬 시들었지만	翠袖凋殘七寶紋
아직도 지난날 향기 남아 있네.	白頭丞相情緣薄
백발의 정승(政丞)이 박정(薄情)해서	尙憐蘜澤藹餘薰
양대(陽臺)에서 다시 운우(雲雨)를 꿈꾸지 못하네.	無復陽臺夢化雲

청풍 한벽루 　　　　　　　　　　　清風 寒碧樓

조란(雕欄) 열두 칸에 기생이 둘러 있는데	雕欄十二妓成圍
주렴 밖에는 봄 추위에 술기운 약해지네.	簾外春寒酒力微
기생의 노래 한 곡조 끝나려 할 때	一曲纖歌唱欲了
복숭아꽃 위에 달이 비치네	小桃花畔月依依

이는 오도일(吳道一, 숙종 때 사람)의 '서파집(西坡集)'에 실렸다.

매창, 시문과 거문고에 뛰어난 조선시대 여류시인

날씨가 풀리며 봄을 재촉하는 비가 내린다. 봄이 오면 배꽃이 흐드러져 '이화우'가 쏟아진다. '이화우'는 매창이 남긴 절창이다.

이화우(梨花雨) 훗날릴제 울며잡고
이별(離別)한 님
추풍낙엽(秋風落葉)에 저도 날 생각하는가
천리(千里)에 외로운 꿈만 오락가락 하노라
　　　　　　　　　　　　　－〈이화우〉 전문

매창(1573~1610)은 중종 때의 부안의 기생이다. 매창은 다재다능한 인텔리 여성으로 성은 이(李) 이름은 향금(香今)이며 호를 계랑, 매창(梅窓), 계생(桂生)이라 했다. 한시에 능하고 거문고에 뛰어났으며 시조 1 수와 한시 70 여 수가 전한다.

시문과 거문고에 뛰어나 당대 문사인 유희경, 허균 등과 교류했고 부안 기생으로 개성 황진이와 더불어 조선 명기의 쌍벽을 이뤘다.

매창은 당대의 시인이며 현사였던 촌은 유희경의 시에 매료되어 그를 매우 흠모하게 되었다. 50대의 시인과 19세의 계랑은 시를 화답하고 거문고 가락에 취해 그 날로 사랑이 이루어졌다.

　그러나 사랑이 오래 갈 수는 없었다. 그때나 지금이나 골칫덩어리인 일본이 침공해 온 것이었다. 계랑이 촌은을 만나자 마자 이별을 하게 되었다. 촌은은 사랑보다 나라 일이 더 중하므로 울며 붙잡는 매창을 두고 의병을 모아 싸움터로 나아갔다.

　어느덧 가을이 되어 창 밖에는 낙엽이 지고 있었다. 계랑은 그것을 보면서 애끓는 시조 한 수를 지었다. '이화우' 가슴에 미어오는 절창이다.

　그야말로 한 편의 드라마다. 나이 차이를 초월하며 싹튼 사랑. 서로의 처지를 위로하고 시 솜씨가 훌륭했던 두 사람은 시로, 감정을 나눈 애절한 사랑을 나누다가 매창은 끝내 촌은을 잊지 못하고 38세로 세상을 떠났다.

　매창이 죽고 40여 년이 지난 뒤 부안의 시인들의 모임인 '부풍시사'에서 그녀의 묘비를 세우고 해마다 제사를 지냈다. 그리고 58년이 되는 해에는 그녀의 한시를 모아 '매창집'을 간행했다. 부안군청 뒤 상소산 서림공원에 오르다보면 38세를 살다간 매창의 시심과 문학정신을 기리는 시비가 있다.

　매창과 촌은의 로맨스. 뜨겁고 화려한 사랑 이야기보다 애절함과 진심이 담긴 사랑이라 더 애틋하게 다가온다.

이별(離別)하며 드리다	贈別
나에겐 아주 옛날 진나라의 쟁(箏) 있는데	我有古秦箏
한 번 타면 백 가지로 감흥이 일어나네	一彈百感生
세상에는 이 곡조 아는 이 없기에	世無知此曲
아득한 구산의 생황으로 화답하리	遙和緱山笙

<u>스스로를 한탄하며</u>　　　　　　　　　　　　　自恨

봄날이 차가워져 겨울 옷을 꿰맸는데	春冷補寒衣
사창(紗窓)마다 맑은 햇빛 따스하게 비쳐 주네	紗窓日照時
머리 숙여 손길이 가는 대로 맡기니	低顔信手處
구슬같은 눈물이 실과 바늘에 적시네	珠淚滴針絲

거문고를 타면서 　　　　　　　　　彈琴

그동안 몇 년이나 비바람을 울렸던가	幾歲鳴風雨
여지껏 지녀왔던 자그마한 거문고여	今來一短琴
'고난곡(孤鸞曲)' 타지를 마라	莫彈孤鸞曲
끝내 백발(白髮) 노래 지어지네	終作白頭吟

신선(神仙)을 찾아서 　　　　　　　　尋眞

참으로 가련하네, 동해(東海)의 물결이여	可憐東海水
그 언제 서북으로 흘러 흘러 가볼거나	何時西北流
배 멈춰 한 가락 하며 놀던 옛일들을 생각하네	把酒憶舊遊
물 흐르는 바위 아래 목란(木蘭) 배를 매어두고	岩下繫蘭舟
옥같이 푸르른 물 바라보며 즐기나니	耽看碧玉流
천 년의 명승지(名勝地)에서	千年名勝地
물새들이 한가롭네	沙鳥等閑遊
먼 산은 하늘 가까이 푸른 빛 위에 있고	遠山浮翠色
버드나무 푸른 언덕 안개 속에 잠겨 있네	柳岸暗烟霞
푸른 기(旗) 있는 곳 어딘가,	何處靑旗在

| 고깃배가 다가가네 | 漁舟近杏花 |

봄날의 그리움　　　　　　　　　　　　春思

봄바람이 불어오는 지금 벌써 삼월인데	東風三月時
곳곳마다 꽃이 분분(紛紛) 떨어져 흩날리네	處處落花飛
임 그려 곡(曲)을 연주해도	綠綺相思曲
그 사람은 오질 않네	江南人未歸

혼자서 마음 상해라　　　　　　　　　　自傷

서울살이 삼 년 내내 꿈을 꾸어 왔었는데	京洛三年夢
또다시 호남(湖南)에서 한철의 봄을 맞네	湖南又一春
황금에 옛 마음 떠나니	黃金移古意
홀로 마음 아파라	中夜獨傷神
머나먼 서울에서 내려온 한 풍류객	洛下風流客
맑은 얘기 나누면서 맺은 언약 오래인데	淸談交契長
홀연히 오늘 작별하니	今日飜成別
애간장이 끊어지네	離盃暗斷腸
허망한 한 조각의 꽃구름 꿈을 꾸다	一片彩雲夢
불현듯 깨고 나니 온갖 생각 스쳐오네	覺來萬念差
즐기던 그 곳 어디던가	陽臺何處是
날 저무니 수심(愁心) 가득	日暮暗愁多
부귀영화 꿈을 꾸다 놀라서 잠을 깨니	驚覺夢邯鄲

속 깊이 생각하며 사는 길이 어려워라	沈吟行路難
집 기둥 제비는	我家樑上燕
응당 돌아오라 지저귀네	應喚主人還

강가 정자(亭子)에 일어난 일 　　　　江臺即事

사방팔방 들판 가득 가을빛이 너무 좋네	四野秋光好
혼자서 강물에 뜬 정자(亭子)에 올랐는데	獨登江上臺
어서 온 풍류객(風流客)인지	風流何處客
술병 들고 나를 찾네	携酒訪余來

스스로 한탄하다 　　　　自恨

동풍(東風) 부는 한밤중에 부슬비 내리나니	東風一夜雨
버들과 매화나무 서로 봄을 다투도다	柳與梅爭春
참으로 참기 어려운 건	對此最難堪
헤어진 임 생각이네	樽前惜別人
마음 속에 품은 그 정(情) 다시금 말을 못해	含情還不語
꿈속인 듯 헤매다가 다시금 바보 된 듯	如夢復如癡
거문고 '강남곡'을 뜯어도	綠綺江南曲
심사(心思) 묻는 사람 없네	無人問所思
안개 낀 버드나무 어스름한 푸르른 빛	翠暗籠烟柳
희미한 붉은 안개 꽃잎마다 짓누르네	紅迷霧壓花
멀리서 들려오는 산가(山歌),	山歌遙響處

어부들의 피리 소리 　　　　　　　　　　　　　漁笛夕陽斜

어수대에 올라서 　　　　　　　　　　　　　登御水臺

왕이 친히 납시었던 천년 넘는 사찰(寺刹)에는　　王在千年寺
부질없이 쓸쓸하게 어수대(御水臺)만 남았구나　　空餘御水臺
지난 일 누구에게 물을까,　　　　　　　　　　　往事憑誰問
학(鶴)을 오라 부를까　　　　　　　　　　　　　臨風喚鶴來

병중에 　　　　　　　　　　　　　　　　　　　病中

화창한 봄날 탓에 병이 난 게 아니라오　　　　　不是傷春病
오로지 우리 임이 그리워서 그렇다오　　　　　　只因憶玉郞
세상에 괴로움 많은데,　　　　　　　　　　　　塵寰多苦累
학(鶴)은 아직 오질 않네　　　　　　　　　　　孤鶴未歸情
그릇된 헛소문이 여기저기 나돌면서　　　　　　誤被浮虛說
도리어 여러 입에 오르고 내리는데　　　　　　　還爲衆口喧
시름과 깊은 한을 안고　　　　　　　　　　　　空將愁與恨
사립문을 가리네　　　　　　　　　　　　　　　抱病掩柴門

취하신 손님께 드림 　　　　　　　　　　　　贈醉客

술 취한 손님 있어 윗옷을 잡아끄니　　　　　　醉客執羅衫

윗옷이 손을 따라 사정없이 찢어지네 羅衫隨手裂
저고린 아깝지 않다오, 不惜一羅衫
은정(恩情) 끊길까 두렵네 但恐恩情絕

옛 사람 　　　　　　　　　　　　　　　　　故人

송백(松栢)처럼 빛나자고 굳게 굳게 맹세한 날 松栢芳盟日
은애(恩愛)하는 그 마음은 바다같이 깊었는데 恩情與海深
강남(江南)의 소식 끊어지니 江南靑鳥斷
한밤 홀로 맘 상하네 中夜獨傷心

배를 띄우고 　　　　　　　　　　　　　　　泛舟

산 그림자 들쑥날쑥 강 물결에 어리었고 參差山影倒江波
드리운 수양버들 주막 온통 가리었네 垂柳千絲掩酒家
잠자던 백로 고개 드니 輕浪風生眠鷺起
사공 소리 들려오네 漁舟人語隔烟霞

그네 타기 　　　　　　　　　　　　　　　　鞦韆

아름다운 두 사람이 그네 뛰기 배우는가 兩兩佳人學半仙
푸른 버들 그늘 아래 다투어 그네 타네 綠楊陰裡競鞦韆
노리개 구름 너머 울리니 佩環遙響浮雲外

용을 타고 오르는 듯　　　　　　　　　　却訝乘龍上碧天

봄날의 근심　　　　　　　　　　　　　春愁

긴 강둑의 봄 풀빛이 슬프고 처량하니　　長堤春草色凄凄
옛 손님 다시 오다 길 잃었나 걱정일세　　舊客還來思欲迷
예전에 함께 즐기던 곳,　　　　　　　　　故國繁華同樂處
밝은 달에 두견새뿐　　　　　　　　　　　滿山明月杜鵑啼
지난 해 오늘 저녁 아름다운 모임에서　　　曾年此夕瑤池會
술잔 앞에 춤을 추며 노래를 불렀었지　　　我是樽前歌舞人
옛 주인 지금 어디 계신가,　　　　　　　　宣城舊主今安在
그 옛날의 봄인데　　　　　　　　　　　　一砌殘花昔日春

가을밤　　　　　　　　　　　　　　　秋夜

이슬 내린 푸른 하늘 별들이 흩어지고　　　露濕靑空星散天
울음 우는 기러기떼 변경(邊境) 따라 끝에 있네　一聲叫雁塞雲邊
매화에 맑게 걸린 달,　　　　　　　　　　梅梢淡月移欄檻
나만 홀로 잠 못 드네　　　　　　　　　　彈罷瑤箏眠未眠

규중에서 서럽다　　　　　　　　　　閨中怨

예쁜 정원 배꽃 가지 두견새가 슬피 우니　　瓊苑梨花杜宇啼

뜰에 가득 달 그림자 더욱이나 처량하네	滿庭蟾影更凄凄
꿈 속에 만나려 했지만,	相思欲夢還無寐
새벽닭이 벌써 우네	起倚梅窓聽五鷄
대숲엔 봄이 깊어 새벽빛이 더 더딘데	竹阮春深曙色遲
뜨락엔 인적 없이 꽃잎들만 흩날리네	小庭人寂落花飛
좋은 쟁(箏) '강남곡' 마치고	瑤箏彈罷江南曲
한 편 시(詩)로 근심 품네	萬斛愁懷一片詩

시름에 겨워

愁思

비온 뒤 찬바람이 대자리에 드는구나	雨後凉風玉簟秋
둥그렇게 밝은 달이 마루 위에 걸려 있네	一輪明月掛樓頭
방안은 밤새도록 차갑고	洞房終夜寒蛩響
온갖 근심 다 찧네	擣盡中腸萬斛愁
평생 배움 부끄러워 집에서 머무는데	平生恥學食東家
사랑하는 겨울 매화 비스듬히 달 비추네	獨愛寒梅映月斜
조용히 살려는 뜻 모르나,	時人不識幽閑意
손가락질 많구나	指點行人枉自多

이른 가을

早秋

산마다 나무마다 잎사귀가 날리는데	千山萬樹葉初飛
기러기 울며 가는 하늘 가에 해가 지네	雁叫南天帶落暉
대금(大笒)은 어디서 들려오나,	長笛一聲何處是

나그네 옷 눈물 젖네 　　　　　　　　　　　楚鄕歸客淚添衣

봄을 원망하다 　　　　　　　　　　　春怨

대밭에 봄이 깊어 새 소리가 많아졌네 　　　竹院春深鳥語多
남은 화장 눈물 젖어 사창(紗窓) 말아 올렸는데 　殘粧含淚捲窓紗
거문고 상사곡(相思曲) 끝내니 　　　　　　瑤琴彈罷相思曲
제비들이 비껴가네 　　　　　　　　　　　花落東風燕子斜

가을에 생각하다 　　　　　　　　　　　秋思

어젯밤 맑은 서리 기러기 우는 가을 　　　　昨夜淸霜雁叫秋
옷 다듬던 병사(兵士) 아낙 급히 누각 올랐네만 　擣衣征婦急登樓
소식은 가망 없어 보이니 　　　　　　　　天涯尺素無緣見
근심 가만 맺힐 뿐 　　　　　　　　　　　獨倚危欄暗結愁

기구한 운명을 한탄함 　　　　　　　　　自恨薄命

피리 소리 좋다지만 난 잡았네, 거문고를 　　擧世好笋我操瑟
이 날에 살아갈 길 어려움을 알았었지 　　　此日方知行路難
뭔 죌까 만나질 못하니 　　　　　　　　　刖足三慙猶未遇
형산(荊山)에서 옥돌 우네 　　　　　　　還將璞玉泣荊山

마음을 적다

매화 보는 창가에는 눈바람이 쓸쓸한데
남모르는 한(恨)과 근심 이 밤 들어 더하구나
내세엔 구산(緱山) 밝은 달 아래
퉁소 불며 찾아가리

밤중에 앉아서

서쪽 창가 대나무는 달그림자 한들한들
바람 불어 움직이니 꽃잎들이 춤을 추네
꿈꾸며 잠들지 못하는데,
마름 따는 노랫소리
바람은 펄럭이고 달빛은 창(窓) 엿보네
가야금을 옆에 안고 등불 하나 짝을 하니
근심은 꽃 그림자 속에,
노래 소린 서쪽 강에

화공에게 드림

수법(手法) 있는 그대로라, 신(神)의 경지 들었어라
나는 새와 뛰는 짐승 붓끝에서 다 나오네
날 위해 푸른 난새 그리니
거울 본 듯 좋아하리

記懷

梅窓風雪共蕭簫
暗恨幽愁倍此宵
他世緱山明月下
鳳簫相訪彩雲衢

夜坐

西窓竹月影婆娑
風動桃園舞落花
猶倚小欄無夢寐
遙聞江渚採菱歌
風飜羅幕月窺窓
抱得秦箏伴一釭
愁倚玉欄花影裡
暗聞蓮唱響西江

贈畵人

手法自然神入妙
飛禽走獸落毫端
煩君爲我靑鸞畵
長對明銅伴影懽

한가로이 지내면서

돌짝밭 초옥(草屋)에서 사립문을 가리려니
꽃이 지고 꽃이 피어 사계절을 분간하네
골짝엔 사람 하나 없고
멀리 돛배 돌아오네

용안대에 올라

이야말로 장안에서 한 세상의 호걸이라
구름 깃발 닿은 곳에 파도마저 고요하네
모시고 신선의 일 말하니
제비 떼가 높이 떴네

천층암에 올라서

천층산(千層山)에 숨어 있는 호젓한 천년 사찰(寺刹)
상서로운 기운과 구름 돌길 따라 피어나네
해맑은 풍경 소리 울리니
단풍잎은 가을 소리

옛일을 그리며

閑居

石田茅屋掩柴扉
花落花開辨四時
峽裡無人晴晝永
雲山烟水遠帆歸

登龍安臺

云是長安一代豪
雲旗到處靜波濤
今朝陪話神仙事
燕子東風西日高

登千層菴

千層隱佇千年寺
瑞氣祥雲石逕生
淸磬響沈星月白
萬山楓葉鬧秋聲

憶昔

속세에 귀양 올 때 임진년과 계사년에	謫下當時壬癸辰
이승의 시름과 한(恨) 누구에게 말했던가	此生愁恨與誰伸
거문고 '고난곡(孤鸞曲)' 타면서	瑤琴獨彈孤鸞曲
고운 그대 그리네	恨望三淸憶玉人

병중에 근심스런 생각   病中愁思

독수공방 단점(短點) 감춰 많은 병이 몸에 남네	空閨養拙病餘身
추위와 굶주림에 내맡긴 지 사십여 년	長任飢寒四十春
묻노니 인생 얼마나 사나,	借問人生能幾許
눈물 없는 날이 없네	胸懷無日不沾巾

이별에 드림   贈別

아차차 일이 이미 이렇게 되었으니	堪嗟時事已如此
반평생 공부라곤 그림만 배웠구나	半世功夫學畵油
날 새면 훌쩍 떠나시리니	明日浩然歸去後
여느 곳만 못할까	不如何地又羈遊

규방에서 원망하다   閨怨

헤어진 후 서러워서 중문 닫아 걸었는데	離懷消消掩中門
임의 향기 옷에 없고 눈물 자국 남았구나	羅袖無香滴淚痕

규방은 적적하기만 한데	獨處深閨人寂寂
비가 황혼 가두네	一庭微雨鎖黃昏
서로가 그리워도 모두 말로 못 하나니	相思都在不言裡
하룻밤 임 생각에 머리 절반 세었구나	一夜心懷鬢半絲
이 첩의 괴로움 알고 싶은가,	欲知是妾相思苦
반지 금방 빠지리라	須試金環減舊圍

월명암(月明庵)에 올라 登月明庵

터를 가려 지은 절이 반공중에 걸쳤는데	卜築蘭若倚半空
한번 울린 풍경 소리 푸른 하늘 통했는가	一聲淸磬徹蒼穹
나그네 도솔천 올랐으니	客心悅若登兜率
적송자(赤松子)를 뵈리라	讀罷黃庭禮赤松

—시조로 바꾸어 쓴 이매창(李梅窓)의 한시

월명암은 노령산맥 서쪽끝 변산반도 봉래산 법왕봉중턱에 자리잡은 1천3백여년의 역사를 지닌 암자로 신라 신문왕 11년(6백92년)에 부설거사가 창건한 절이며 사성선원은 이 도량을 호남제일의 성지로 이끌어갈 수좌들의 기반이다. 풍광으로도 천하제일의 명승지로 알려졌고 변산반도는 도립공원에서 국립공원으로 승격됐다. 쌍선봉의 둥두렷한 월출과 망망한 칠산바다의 찬란한 낙조, 무릉도원으로 끝없이 펼쳐진 아침의 운해, 수태극, 산태극으로 굽이 굽이 감싸안은 옥순같은 군봉들이 해동 제일의 선경을 이루고 있는 곳이다.

윤공의 비 尹公碑

| 거문고 한 곡조에 '자고새'를 원망하네 | 一曲瑤琴怨鷓鴣 |

비석은 말이 없고 둥근 달만 외롭구나　　　　　　　　　　　荒碑無語月輪孤

현산(峴山)의 남쪽 정벌한 비석,　　　　　　　　　　　　　峴山當日征南石

눈물지진 않았다네　　　　　　　　　　　　　　　　　　　亦有佳人墮淚無

옛 임을 생각하며　　　　　　　　　　　　　　　　　　憶故人

새봄이 왔다지만 그분은 멀리 계셔　　　　　　　　　　　　春來人在遠

좋은 경치 본다 해도 맘 가누기 어려워라　　　　　　　　　對景意難平

아침에 화장하다 멈추고,　　　　　　　　　　　　　　　　鸞鏡朝粧歇

달빛 아래 홀로 우네　　　　　　　　　　　　　　　　　　瑤琴月下鳴

봄꽃을 보게 되면 새로운 한(恨)이 일고　　　　　　　　　　看花新恨起

제비 소리 지지배배 옛 시름이 생기나니　　　　　　　　　聽燕舊愁生

밤마다 임 만나는 꿈,　　　　　　　　　　　　　　　　　夜夜相思夢

오경(五更) 알려 또 놀라네　　　　　　　　　　　　　　　還驚五漏聲

부여(夫餘) 백마강에서 노닐며　　　　　　　　　　　遊扶餘白馬江

강마을로 찾아오니 자그마한 사립문뿐　　　　　　　　　　水村來訪小柴門

차가운 못 연꽃 지고 국화 분은 오래 됐네　　　　　　　　荷落寒塘菊老盆

석양에 띠 두른 까마귀,　　　　　　　　　　　　　　　　鴉帶夕陽啼古木

기러기는 강 건너네　　　　　　　　　　　　　　　　　　雁含秋氣渡江雲

말하지 않아도 서울은 변화 많아　　　　　　　　　　　　休言洛下時多變

나는야 세상 일들 전혀 듣고 싶지 않네　　　　　　　　　我願人間事不聞

취했다 비웃지들 마오,　　　　　　　　　　　　　　　　莫向樽前辭一醉

| 신릉군도 묻혔다네 | 信陵豪貴草中墳 |

새장 속의 학(鶴)　　　　　　　　　　　　籠鶴

새장에 한번 갇혀 돌아갈 길 막혔으니	一鎖樊籠歸路隔
곤륜산 높은 낭풍(閬風) 거기가 어디런가	崐崙何處閬風高
해지니 하늘 끊겼구나.	靑田日暮蒼空斷
꿈결에도 고달프네	緱嶺月明魂夢勞
파리한 그림자에 수심(愁心)으로 홀로인데	瘦影無儔愁獨立
황혼의 까마귀는 숲속 가득 지저귀네	昏鴉自得滿林噪
긴 털에 병든 날개 꺾이고	長毛病翼摧零盡
깊은 물가 기억하네	哀淚年年憶九皐

생각을 적다　　　　　　　　　　　　　　寫懷

도원(桃源)에서 맺은 언약 고을에서 신선(神仙) 되니	結約桃源洞裡仙
오늘에 와 이다지도 슬플 줄을 알았으랴	豈知今日事凄然
숨긴 한 오현(五絃)에 담으니	幽懷暗恨五絃曲
천만 뜻을 곡에 싣네	萬意千思賦一篇
세상에 시시비비 바다같이 참 많은데	塵世是非多若海
깊은 규방 긴긴 밤도 기어코 해가 가네	深閨永夜苦如年
절 다리 해 저물어 보니	藍橋欲暮重回首
구름 겹쳐 멀어지네	靑疊雲山隔眼前

벗에게 드림

듣기로는 동해바다 시선(詩仙)이 내렸다던데
이제 보니 구슬 같은 그 말씀 뜻 한탄하네
노닐던 흔적은 얼만가,
신선(神仙) 생각 문장 기네
술병 속 세월에는 차고 넘침 없지마는
속세의 청춘들은 어린 나이 짐이 되네
뒷날에 선계(仙界) 돌아가거든
옥황상제 뵈리라

贈友人

曾聞東海降詩仙
今見瓊詞意悵然
緩嶺遊蹤思幾許
三淸心事是長篇
壺中歲月無盈缺
塵世靑春負少年
他日若爲歸紫府
請君謀我玉皇前

한순상의 장수(長壽) 축하연에 삼가 차운하다

이 땅은 신선(神仙) 사는 산들과 가까워서
계곡물 흘러 흘러 '약수(弱水)'로 통한다네
벌들이 노니는 따뜻한 날, 遊蜂飛暖日제비 왔다 알려주네
오묘(奧妙)한 춤을 추니 꽃 그림자 흔들리고
곱고도 고운 노래 푸른 하늘 울리는데
선도(仙桃)로 서왕모께 드리니
술잔 속에 모두 있네
다시금 파랑새도 날아오지 못하는데
강남의 기러기는 그림자가 차갑구나
방초(芳草)가 근심에 겨운데,
떨어진 꽃 잔인하네
돌아가고 싶은 생각 구름 곁에 다가가고

伏次韓巡相壽宴時韻

地接神山近
溪流弱水通
新燕語淸風
妙舞搖花影
嬌歌響碧空
蟠桃王母壽
都在獻盃中
靑鳥飛來盡
江南雁影寒
愁仍芳草綠
恨結落紅殘
歸思邊雲去

떠도는 이 마음은 꿈속에나 기쁘다네	旅情夢裡歡
묵는 방(房) 묻지를 않으니,	客窓人不問
높은 난간 기대네	無語倚危欄

신선(神仙)으로 노닐며　　仙遊

천 년 간 이름 있는 도솔천 하늘인데	千載名兜率
이제야 올라보니 천상(天上)과 통하누나	登臨上界通
맑은 빛 저녁 해에 나오니	晴光生落日
빼어난 산 흩어지네	秀嶽散芙蓉
용(龍)들이 숨을 만한 마땅히 깊은 연못	龍隱宜深澤
백학(白鶴)의 낡은 둥지 소나무 위 편안하네	鶴巢便老松
연주와 노래로 밤 새워	笙歌窮峽夜
새벽 종을 몰랐네	不覺響晨鍾
머나 먼 삼신산에 신선들이 사는 이 곳	三山仙境裡
절집은 고적하게 푸른 숲 안에 있네	蘭若翠微中
학(鶴) 우는 구름 깊은 나무에	鶴唳雲深樹
원숭이가 울고 있네	猿啼雪壓峰
노을 빛 지워지고 흐릿한 새벽달에	霞光迷曉月
상서로운 붉은 기운 허공에 서려 있네	瑞氣映盤空
노자(老子)가 적송자를 뵌들	世外靑牛客
무슨 상관 있으랴	何妨禮赤松
크고 삭은 술동늘이 서도가 만나는 곳	樽酒相逢處
동풍에 세상 만물 환하게 빛나는데	東風物色華
버들은 푸르게 드리우고	綠垂池畔柳

난간 앞 꽃 붉게 타네	紅綻檻前花
외로이 날던 학(鶴)은 긴 갯가로 돌아오고	孤鶴歸長浦
잔 노을 저물녘에 모래밭에 내리는데	殘霞落晚沙
술잔이 끝없이 이어지다	臨盃還脈脈
다음 날에 헤어지네	明日各天涯

전주 검무가 나오는 신광수의 '한벽당 12곡'

신광수(申光洙, 1712~1775)의 '한벽당십이곡(寒碧堂十二曲)' 중 3곡을 보면,

> 전주 아녀자(기녀)들은 남장을 잘하지 한벽당에서 검무가 한창이네
> 유리빛 푸른 물에 그림자 보려하나 보이지 않고
> 한벽당 안에 돌려 추는 춤 서릿발 같네

신광수는 1749년 한벽당의 모습을 '한벽당 12곡'으로 지어 석북집에 남겼다. 그 가운데 전주 한벽당에서의 검무를 보고 나서 그 소감을 소회했다.

이는 전주 검무가 다른 지역의 검무와 변별력이 있다. 시에서 나타나듯이 남장을 하고 춘다.

이즈음에 삼현육각(삼현육각, 三絃六角)의 반주 음악도 유추할 수 있다. 전주지방에서 전승되던 민간 삼현육각에는 민삼현과 농삼현 두 종류가 있었다.

민삼현은 시대적 상황에 따른 그 쓰임새의 축소로 말미암아 전승이 단절돼 그 실체를 확인할 길이 없고, 농삼현만이 복원에 성공했으나 현재 소멸 위기에 놓여 있다.

남공철(1760-1840)은 한벽당에서 연행된 검무를 상세하게 기록하고 있다.

> 붉은 치장 가볍게 들고 도는 춤
> 전립에 바람 불리고 가슴엔 옥전을 찼는데 엇바뀌 추는 춤 봄나비 촛불을 맞보내는 듯 낮았다 높았

다 가을제비 화려한 잔치 휘젓는 듯

　　멈칫 손 내리니 날씨 개이자 우레 멈추듯 금시 허리 돌리닌 안개가 걷히듯

　　공손(公孫)의 검무가 전해진 것이라지만 오히려 장욱이 글씨 배우든 생각을 하지

-「금릉집」2권

'공손(公孫)'은 당나라 때 검기무에 능했던 '공손대낭(公孫大娘(공손대랑)'을 말한다. 개원(開元) 연간 검기혼탈무(劍器渾脫舞)를 잘 추기로 유명했던 여자다. 그에 대한 기록이 '明皇雜錄(명황잡록)'에,

'이때 공손대랑은 칼춤을 잘 추어 향리곡(鄕里曲) 및 배장군만당세(裵將軍滿堂勢), 서하검기혼탈(西河劍器渾脫)을 잘 했는데 춤추는 기예가 아름답고 묘해 모두 이 시대의 으뜸이었다'고 전한다. 궁중과 지방의 교방에서 검무를 출 때에는 전립을 쓰고 전복과 전대의 복식을 갖추고 춘다.

하지만 남장을 하고 추었지만 흔적조차 없다.

한벽당(전북 유형문화재 제15호)은 예나 지금이나 승암산 기슭인 발산 머리의 절벽을 깎아 세운 누각으로 옛사람들이 '한벽청연(寒碧晴烟)'이라고 해서 완산팔경의 하나로 꼽았다.

슬치에서 발원한 물길이 북으로 내달려 옥류동 한벽당 밑 바위 자락에 부딪쳐 피어오르는 물안개의 모습이 '한벽청연(寒碧晴烟)'이지만 전주 검무의 전통이 사라져 참으로 아쉽다.

한벽당 12곡(寒碧堂十二曲)

1

오늘이 안 머물러 내일이 오고

내일이 또 떠나가 꽃이 땅 가득

사람 삶 얼마인가 백년이 안 돼

한벽당 집 가운데 날마다 취해

2

전라도 감사가 되어 새롭게 부임했는데
한벽당에서 특별히 따로 봄맞이하네
묻느니 교방에서 뉘 가장 예뻐
비단 병풍 붉은 촛불 켠 밤에 데려오라 하시네

3

전주 고을 아녀자들 남장(男裝)을 하고서　　　　　全州兒女學男裝(전주아녀학남장)
한벽당에서 한바탕 검무를 추네　　　　　　　　　寒碧堂中劍舞長(한벽당중검무장)
굴러 닿아 빛 흘러 봐도 안보여　　　　　　　　　轉到溜璃看不見(전도류리간불견)
집 가득 고개 돌려 기운 서릿발　　　　　　　　　滿堂回首氣如霜(만당회수기여상)

4

봄날 줄줄이 늘어서 가볍게 먼지 일으키며 나갔다가
한벽당에서 음악과 풍류 익히고 돌아오네.
같이 불러 완산 땅 신별곡(別曲)을 제창하는데
판관 나리 환갑 잔치 날 다가온다 하네

5

연한 빛 붉은 비단 옷차림 맞춤하게 아름답고
지어진 치마 모양 서울서 배워
비단 자리 열린 연회 자리 하도 부끄러워 어쩔 줄 몰라

한벽당에서 선보이려던 춤 더디기만 하네

6

한벽당으로 각 관아에서 행차하니
몸 드러내 예 따라 첩자를 드려
수결에 붙인 이름 붉게 인주 찍히니
엽전 돈 두 세냥으로 사람 정 맺어

7

한벽당에 밤잔치 끝내고 돌아오니
개성 상인도 많이 온 어느 날
돌아와 보니 책상 위에는 입직을 재촉하는 공문이 있어
등지고서 등불 아래서 비단옷 입어

8

희디 흰 한산 세모시, 배꽃처럼 빛난다
잘라서 쌍침 바늘로 옷소매 폭 좁게 여름 옷 지었지만,
한벽당 집 가운데 오월이 되면
바람 많은 날엔 이 모시옷을 입을 수 없다

9

스무 살 관아 손님 얼굴이 옥 같아
은비녀 빼앗아 장난질이 심하구나

한벽당 안에서 돌아가려 하지 않고

한벽당에 가득 달빛, 사람 맞아 묵는다

10

초록색 협수(袖) 입은 전라감영 중영 영감께서

한벽당에서 쌍률(雙六)놀이 내기를 한다

젊은 나이 한껏 기상 문관(官)을 이기니

그 문관 백금 값나가는 장도(粧刀)를 내던졌다

11

한벽당 앞 굽이굽이 흘러가는 시내

난간에 나서 비친 꽃 같은 사람

무단히 때려 일어 원앙새 무리 쫓아내지 마오

그이가 돌아보며 혼내실지 모르니

12

한벽당 연회 노랫가락 끝났는데

황화정(黃花亭) 북쪽 봄풀이 푸릇

이 땅에는 해마다 헤어짐 많아

그대를 보내고 오늘은 또다른 사람 맞이하기도 날마다 부족하다오

남원 가희(歌姬) 춘섬(春蟾)에게 시를 지어주다

어사(御史)의 집에 붉은 석류꽃 있지만
미인이 어찌 석류꽃 같으랴.
오늘도 석류꽃 앞에서 한 번 웃지만
미인의 소식은 천애(天涯)에 끊어졌네.

紅石榴花御史家
美人何似石榴花
今日花前一笑後
美人消息是天涯

—贈南原歌姬春蟾

이는 신광수의 '석북집(石北集)'에 소개됐다.

남원 기생 계월(桂月)의 광한루 시(廣寒樓 詩)

베틀에서 내려와 누(樓)에 오르니　　　　　　　　　乍擲金梭懶上樓
월계꽃 피는 가을, 주렴 높이 걸려 있네.　　　　　　珠簾高掛桂花秋
우랑(牛郞) 한 번 떠나간 뒤 소식이 없어　　　　　　牛郞一去無消息
밤마다 오오작교에서 시름에 젖네　　　　　　　　　烏鵲橋邊夜夜愁

광한루와 오작교는 모두 남원에 있다.

전주 기녀 조운(朝雲)이 지정 남곤에게 드림

全州妓 조운(朝雲)

부귀공명일랑 다 버리시고	富貴功名可且休
산 좋고 물 좋은 곳에 놀아봅시다.	有山有水足淡遊
임과 함께 한 칸 집에 누워서	與君共臥一間屋
가을 바람 달 밝은 밤 머리 다 세도록 삽시다	秋風明月成白頭

-贈南止亭袞

이 시는 전주 기생 조운(朝雲)이 지었다.

조선왕조실록 중종실록(中宗實錄)의 풍속 기사

중종 8년 계유(癸酉, 1513) 겨울 10월 정유(丁酉)에 전라관찰사(全羅觀察使) 권홍(權弘)이 장계(狀啓)를 올렸는데, 이르기를,

"도(本道)의 퇴폐된 풍속을 살피건대 남자로서 거사(居士)로 일컫는 자와 여자로서 회사(回寺, 여인으로서 산사 山寺를 찾아 돌아다니는 자를 우리나라 방언方言에서 회사寺라고 일컬었음)로 일컫는 자가 모두 농업에 종사하지 않고, 음란을 일삼고 여염에 횡행(橫行)해서 풍속을 어지럽힙니다. 법으로 금해야 할 것입니다." 했다.

이능화가 말하기를 '거사(居士)는 속어(俗語)에서 이른바 남사당(男社堂)이고, 회사(回寺)는 곧 여사당(女社堂)이다' 고 했다.

참고 문헌

정창권, 홀로 벼슬하며 그대를 생각하노라, 사계절출판사, 2003
이붕비, 역주 김재두, 삼원연수서, 한국학술정보(주), 2011
송세림, 편역 윤석산, 어면순, 문학세계사, 1999
역자 허만욱, 소녀경, 삼일출판사, 1981
주해 권순회, 이상원, 청구영언 장서각본, 한국학중앙연구원 출판부, 2021
김명준, 주해 신정가보, 도서출판 다운샘, 2021
김종직, 국역 이창희, 역주 청구풍아, 도서출판 다운샘, 2002
이능화, 조선여속고, 동문선, 1990
이능화, 조선해어화사, 동문선, 1992
이능화, 조선무속고, 창비, 2018
김용숙, 한국여속사, 민음사, 1989
손을주, 치마속 조선사, 책만드는집, 2009
박영규, 에로틱 조선, 웅진지식하우스, 2019
전라감사 1~3, 전북도청, 2007
'송계만록' '어유야담' 등 문집
조선왕조실록

실록, 전라감영의 기녀 이야기 전라감영에 피는 바람꽃은 시들지 않는다

인 쇄 2023년 5월 1일
발 행 2023년 5월 10일

지은이 글 이종근 그림 이택구
발행인 서정환
펴낸곳 신아출판사
주 소 전라북도 전주시 완산구 공북1길 16(태평동 251-30)
전 화 (063) 275-4000 · 0484 · 6374
팩 스 (063) 274-3131
이메일 sina321@hanmail.net
출판등록 제465-1984-000004호

저작권자 ⓒ 2023, Lee Jonggeun · Lee Taekgu
이 책의 저작권은 저자에게 있습니다. 서면에 의한 저자의 허락없이 내용의 일부를 인용하거나 발췌하는 것을 금합니다.
COPYRIGHT ⓒ 2023, by Lee Jonggeun · Lee Taekgu All right reserved including the rights of reproduction in whole or in part in any form.
저자와 협의, 인지는 생략합니다.
잘못된 책은 바꿔 드립니다.

ISBN 979-11-93055-27-4 03810
값 15,000원

Printed in KOREA